뽀시래기의
지식 한 장

뽀시래기의 지식 한 장

뽀시래기 직장인을 위한 비즈니스 실무 용어

—

2021년 10월 25일 1판 1쇄 인쇄
2021년 11월 5일 1판 1쇄 발행

—

글·그림 심인혜 / 이윤임 / 김아름 / 문수진 / 김혜미 / 유희숙
      김민아 / 김수진 / 조희정 / 정윤정 / 이성현 / 이해봄
펴낸이 이상훈
펴낸곳 책밥
주소 03986 서울시 마포구 동교로23길 116 3층
전화 번호 02-582-6707
팩스 번호 02-335-6702
홈페이지 www.bookisbab.co.kr
등록 2007.1.31. 제313-2007-126호

—

기획·진행 권경자
디자인 디자인허브

—

ISBN 979-11-90641-63-0 (03320)
정가 20,000원

책밥은 (주)오렌지페이퍼의 출판 브랜드입니다.

뿌시래기 직장인을 위한 비즈니스 실무 용어

뿌시래기의
지식 한 장

글·그림

심인혜 / 이윤임 / 김아름 / 문수진
김혜미 / 유희숙 / 김민아 / 김수진
조희정 / 정윤정 / 이성현 / 이해봄

책밥

PROLOGUE

'신입, 주니어, 인턴/사원, 초짜…'
우리를 부르는 많고 많은 단어 중
우리는 '뽀시래기'라는 말을 골랐습니다.

비교적 경계선이 명확히 그어져
움츠러들게 하는 차가운 단어가 아닌,
어리바리하지만 포근하게 감싸 안아주는
따뜻한 느낌이 좋아서였습니다.

'뽀시래기'는 '부스러기'라는 뜻으로
전라도와 경상도에서 사용하는 방언이라지요.
티끌 모아 태산이라는 옛말이 무색하게
무엇이든 영혼까지 끌어모아야
겨우 먹고사는 현대사회에서,

퇴근 후 매일 밤 한 땀 한 땀 모은
이 부스러기 같은 메모들이
막막하고 어려운 뽀시래기들의 회사생활에
도움이 됐으면 좋겠습니다.

더불어 이 책이 나올 수 있도록 도와주신
한원아 님, 유동현 님, 리즌진 님, Jolly 님,
책밥 출판사 관계자분들,
그리고 일주일에 두 번씩 전해지는
〈뽀시래기의 지식 한 장〉 뉴스레터를 기다려주는
구독자분들께도 감사의 말씀을 전합니다.

2021년 가을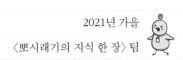
〈뽀시래기의 지식 한 장〉 팀

CONTENTS

5장

마케팅

7장

디자인 및 개발

1장

비즈니스 실무

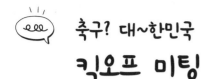

축구? 대~한민국
킥오프 미팅

월요일 아침부터 안타까운 소식을 들었다.

코로나19 때문에 진행 예정이던 오프라인 행사를 보류한다고 한다.

김뽀식은 소식을 듣고 마스크를 단단히 고쳐 썼다.

알코올 손소독제도 두 번 펌핑해 발랐다.

하지만 걱정스러운 마음에 한숨이 나오자, 팀장님이 다가와 내게 말했다.

팀장님   취소된 행사의 대안으로 온라인 프로모션을 진행하기로 했어요.

          이따가 그 프로모션에 대한 킥오프 미팅을 할 건데, 뽀식님이 저와

          함께 가시죠.

뽀식이   (사내 축구 동아리요?)

📓 킥오프 미팅

새로운 프로젝트를 시작할 때 프로젝트의 이해 관계자들이 진행하는 첫 번째 회의를 말한다. 이 미팅에서는 참여자들이 같은 목표를 달성하기 위해 생각을 동기화하고 방향을 설정한다.

킥오프 미팅에서 주로 이야기하는 것들
- 프로젝트 목적 및 내용 확립
- 현황 및 제반 상황 공유
- 프로젝트 인원 소개
- 마일스톤(040쪽 참조) 및 기한 정리

친절한 뽀식 ^{pick} 더 알아두면 좋은 정보!

킥오프, 왠지 축구가 생각나는 이유
킥오프(Kick-off)는 축구, 미식축구 등의 경기 시작을 위해 공을 처음으로 차는 행동을 뜻한다. 여기에서 따온 말이기 때문에 우리나라에서는 축구의 킥오프로, 미국에서는 미식축구의 킥오프로 친숙하게 사용된다. 또한 미국에서는 킥오프(kick off)가 '시작하다(start)'와 같은 뜻으로도 사용된다.

캠퍼스 커플은 못 해봤는데
CC, BCC

나 김뽀식.

오늘 입사하는 신입사원의 회사 적응을 도와주라는 명을 받았다.

하하! 내가 멘토라니! 나도 이제 누군가를 안내해줄 짬이군. (코쓱)

이제 막내 탈출이라는 생각이 설레발로 번져 상상 속의 뽀식이는 이미 임원.

나신입 저기 뽀식님…

뽀식이 아! 예?

나신입 제작 팀에서 대행사 메일 CC 걸어달라고 하는데, CC가 뭔가요?

뽀식이 (CC는 CC인데 뭐라고 설명해야 하지?)

📖 **CC** Carbon Copy, **BCC** Blind Carbon Copy

....

메일에서 참조를 일컫는 말로, 직접적으로 요청이나 보고를 하는 To(수신)
와 달리 메일 수신 후 특별한 액션을 취하지 않아도 되지만 내용은 인지해야
하는 대상을 넣는다. 메일 수신인, 참조인에게 보이지 않는 BCC는 CC 앞에
Blind(가리다)가 조합된 단어다.

─────── pick ───────
(친절한 뽀식 더 알아두면 좋은 정보!) ···

CC의 어원

CC의 어원은 19세기로 거슬러 올라간다. 타자기를 사용하던 시절, 복사본을 만들기 위해 먹
지(Carbon Paper)를 끼워 쓰던 것이 유래가 되어 복사본 자체가 Carbon Copy라 불렸다고 한
다. 그리고 이 단어는 이메일이 보편화된 지금까지 남아 여러 사람에게 동일한 내용을 보내야
하는 참조, 즉 CC를 나타내는 말이 된 것이다.

굳이 BCC로 보내야 하는 이유

메일 수신인이 많은 경우에는 특히 수신 대상이 사용자일 경우에는 개인정보유출이 일어날 수
도 있다. 사용자가 아니더라도 협력사 간에 어떤 팀이 메일을 받아보는지 모두 알면 부담스러
울 때도 있으니, 눈치껏 BCC를 잘 활용해보는 것도 우리의 사회생활 레벨을 업그레이드하는
방법이다.

〈와썹맨〉은 구독 중입니다만
ASAP

잘나가는 덕분에 치열함이 일상인 우리 회사!

그런데 웬일인지 오늘은 바쁘지가 않다...?!

김뽀식, 기회는 이때닷!

따뜻한 라떼 한 잔 사다 놓고 여유 좀 부려볼까 하는데...

팀장님이 부르네~

팀장님 뽀식님! 미안하지만 급한 건이라 아삽으로 부탁해요!

뽀식이 (What 삽 man...? 〈와썹맨〉은 우리 예산으로 안 될 텐데요?)

📖 ASAP 아삽, As Soon As Possible

'As Soon As Possible'의 줄임말로 '가능한 빨리'의 의미다. 주로 문자 메시지 또는 메일에 많이 사용한다.

친절한 뽀식 *pick* 더 알아두면 좋은 정보!

도대체 ASAP은 언제까지를 말하는 걸까?

오늘도 뽀시래기는 ASAP으로 질주하오.
오늘이 월요일 점심 이후라면 수요일까지 해야 하오.
오늘이 화요일이라면 수요일까지 해야 하오.
오늘이 수요일이라면 금요일 오전까지 해야 하오.
오늘이 목요일이라면 금요일 오전까지 해야 하오.
오늘이 금요일이라면 토요일 오후까지 해야 하오.
오늘이 토요일...이라면 토요일까지 해야 하오.
오늘이 일요일...이라면 월요일 오전까지 해야 하오.
오늘이 월요일 오전이라면 점심 전까지 해야 하오.

뽀시래기의 업무는 ASAP으로 하는 일과 ASAP으로 해야 하는 일뿐이었소.

공수가 들어요? 야구 보세요?
공수

새로운 프로젝트를 수주하기 위해 제안 TF 팀에 참여하게 된 뽀식이네.

뭔 회사가 주 업무보다 TF하는 시간이 더 많은지

이럴 거면 아예 신규 팀을 꾸리지...

아... 역시 이직이 답인가... 뽀식이의 머리는 복잡하다.

다른 팀원들도 표정이 썩 좋지 않다. 다들 이직 생각하나?

김 차장 솔직히 이번 프로젝트 공수만 많이 들고 예산은 너무 적지 않나요?

이 과장 저도 동의요. 공수가 너무 많이 드는 프로젝트인 거 같아요. 제 개인적

　　　　　으로는 도움이 별로 되지 않는 프로젝트인 거 같습니다.

뽀식이 (공수가 든다고? 이제 회사를 상대로 우리가 공격할 차례?)

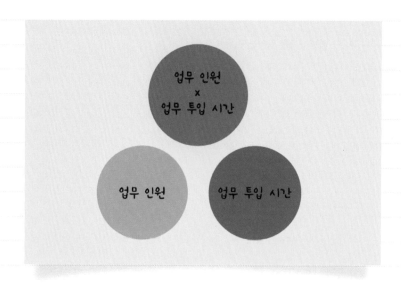

📖 공수

인적·물적 자원을 의미한다. 하나의 프로젝트에 투입되는 업무 인원이나 업무 투입 시간, 혹은 업무 인원×업무 투입 시간을 총체적으로 뜻하며, 회사에서는 공수의 절감이 중요한 과제이기도 하다. 이를 토대로 노무비를 산출하여 프로젝트별 예산을 설정하기도 한다.

(친절한 뽀식 *pick* 더 알아두면 좋은 정보!)

회의에서 정말 많이 듣게 되는 단어, 짜치다!

어원은 '쪼들리다'의 경상도 방언이지만, 실무에서는 '없어 보인다, 엄청 작은 일, 재미없다'라는 뜻으로 사용된다. 예를 들어, 1만 명가량의 행사만 주로 하던 회사에서 100명을 상대로 하는 행사를 진행할 경우, 실무 팀에서는 "이번 프로젝트 좀 짜치지 않아?"라고 말하곤 한다. 다른 예로는 퀄리티가 낮은 영상을 본 업계 전문가들끼리 "저 영상은 예산이 좀 짜쳤나보네"라고 하곤 한다. 실질적인 업무 상황에서 정말 다양하게 사용되는 말이니 참고하면 된다.

앗 차거차거
콜드 콜

입사한 지도 이제 꽤 지났건만...

아직도 숨 막히게 어색한 사람이 있다.

절대 단둘이 남고 싶지 않은 그 사람, 윤 부장.

윤 부장   뽀식님, 신규 비즈니스 미팅이 다음 주로 확정됐어요. 이번 미팅은 분위

　　　　　기 파악도 할 겸 자료 준비부터 뽀식님도 함께 참여했으면 하는데 괜찮

　　　　　은가요?

뽀식이   네! 저는 어떤 것부터 하면 될까요?

윤 부장   일단 콜드 콜 대상 회사 정보 전달할게요.

뽀식이   (차갑게 부른다고...? 싸운 건가? 전투태세?!)

📖 콜드 콜 Cold Call

비즈니스를 성사시키기 위해 기존에 관계가 없었던 잠재 고객에게 연락하는 것을 의미한다. 예전에는 전화만을 말했지만 현재는 메일, 우편 등의 방법을 통칭해서 부르고 있다. 콜드 콜의 최종 목표는 미팅 등 더 심도 깊은 커뮤니케이션을 이끌어내는 것이다. 최근에는 선호도가 낮아지고 있으나 여전히 중요한 고객 발굴 수단 중 하나다.

친절한 뽀식 _pick_ 더 알아두면 좋은 정보!

텔레마케팅과 콜드 콜의 차이

흔히 스팸전화로 취급하는 아웃바운드 텔레마케팅과 콜드 콜의 가장 큰 차이는 바로 타깃팅이다. 텔레마케팅은 불특정 다수를 대상으로 정해진 스크립트를 외워서 설명하는 방식이라면, 콜드 콜은 정확한 대상을 정해두고 진행한다. 담당 회사, 부서, 직책, 이름 등 기본 정보를 숙지한 후 어떻게 비즈니스로 연결할 수 있는지를 설명해 성공률을 높이고 받는 사람으로 하여금 전혀 쓸모없는 내용이 아니라고 생각하도록 맞춰나간다.

쿵쿵쿵! 형! 저 콘택트포인트인데요!
콘택트포인트

뽀식이 담당하고 있는 프로덕트가 론칭 1주년을 맞았다!

1주년 기념으로 한가위 콘셉트 굿즈를 제작해

유저들과 나누기로 결정한 김뽀식과 팀원들.

하지만 어떤 굿즈를 만들어야 할지

어디서, 어떻게 만들어야 할지 하나도 모르겠다.

일단 추석이니까 보름달, 토끼, 송편, 산적, 전... 아 맛있겠다. (침 꿀꺽)

팀장님　혹시 굿즈 제작 업체나 아니면 아는 MD 콘택트포인트 있으신 분 없나요?

뽀식이　(콘택트... 닿다... 씨오엔티에이씨티... 중등 필수단어...)

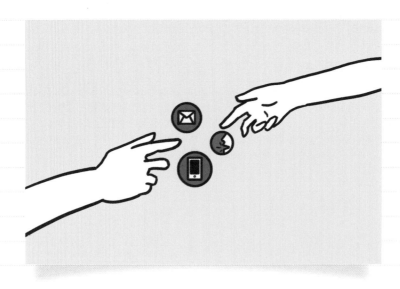

📓 콘택트포인트 Contact Point

업무적 커뮤니케이션을 위한 관계사 담당자와의 접점으로, 대부분은 담당자 연락처를 뜻한다.

친절한 뽀식 ᵖⁱᶜᵏ 더 알아두면 좋은 정보!

콘택트포인트를 찾는 방법

- 기본적으로 콘택트하고자 하는 업체의 공식 홈페이지에 명시된 연락처로 연락한다.
- 연락처가 없을 경우 비즈니스 메일을 통해 연락한다.
- DART에 공시된 회사는 검색 후에 연락처를 확인할 수 있다.
- 업계의 지인을 통해 직접 콘택트한다(직접 콘택트가 실무에서는 가장 빈번하게 일어난다).

비즈니스 거래의 유형
B2B, B2C, B2G, C2C

김뽀식은 긴급회의에 소집되었다.

우리 회사의 주력 상품이 예상보다 재고가 너.무. 많이 남았기 때문이다.

유효 기간이 오래 남지 않아서 최대한 빨리

원가에라도 팔아야 하는 것이 이번 회의의 어젠다!

팀장님 우리가 B2B를 주력으로 판매하고 있지만, 이번에 양이 많이 줄었어요.

어떻게 해결하면 좋을까요?

정 대리 B2C 플랫폼을 통해서 타임 특가 상품으로 내보는 것은 어떨까요?

팀장님 우리가 납품하는 관계사들과 문제가 없는지 먼저 체크해주세요.

뽀식이 (비투비...? 아이돌...? 우리 이제 엔터사업 진출?)

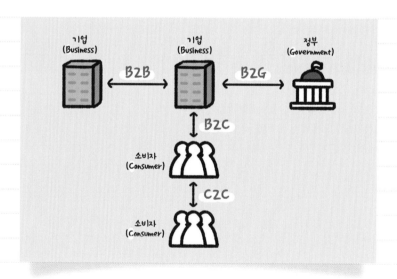

📕 B2B, B2C, B2G, C2C

주체와 대상에 따른 거래의 유형을 의미한다. 온라인 서비스가 발달하면서 그 주체와 대상에 따라 거래 유형은 다양화되고 있다.

- B2B(Business-to-Business) : 기업과 기업 간의 거래
- B2C(Business-to-Consumer) : 기업과 소비자 간의 거래
- B2G(Business-to-Government) : 기업과 정부 간의 거래
- C2C(Consumer-to-Consumer) : 소비자와 소비자 간의 거래

친절한 뽀식 ^{pick} 더 알아두면 좋은 정보!

4가지 유형의 플랫폼 비즈니스의 예

- **B2B 플랫폼: 알리바바** 전 세계의 제조 업체, 공급 업체, 수출 업체, 수입 업체, 바이어 등을 연결하는 B2B 온라인 플랫폼으로, 뉴욕거래소에 상장했으며 중국의 대표적인 민간 기업이다.

- **B2C 플랫폼: 쿠팡** B2C 온라인 쇼핑 플랫폼이다. 익일 배송인 로켓 배송, 신선 배송인 로켓 프레시 등을 통해 빠르게 성장하고 있다.

- **B2G 플랫폼: 나라장터** 조달청의 국가종합전자조달시스템으로 입찰 공고, 업체 등록, 업체 선정 등을 처리하며 행정안전부 등 77개 기관 시스템과 연계한 서비스를 제공한다.

- **C2C 플랫폼: 당근마켓** C2C가 주로 이루어지는 중고 직거래 플랫폼으로, 중고거래에서 시작하지만 지역 커뮤니티 및 정보 서비스를 지향한다.

다시 100번 해요?
RE100

오늘은 하반기 조직 개편 발표가 있는 날.

들리는 소문으로는 새로운 부서가 생긴다고 하던데.

신사업을 시작하는 것도 아닌데 어떤 부서가 생기는 걸까?

팀장님   최근 글로벌 트렌드에 맞춰 우리 회사도 저탄소 경영을 추진한다고 해
       요. 이번에 새로 생긴 지속가능경영 팀에서 RE100 가입을 목표로 준비
       한다고 합니다. 팀원분들은 업무에 참고해주세요.

뽀식이   (RE100...? 100번을 다시 한다고...?)

▌▌ RE100 Renewable Energy 100%

2014년 영국의 다국적 비영리단체인 더 클라이밋 그룹과 글로벌 환경경영 인증기관 CDP(Carbon Disclosure Project, 탄소공개 프로젝트)에서 시작한 국제 캠페인을 의미한다. RE100에서는 '기업이 사용하는 전력량의 100%를 2050년까지 재생에너지 전력으로 충당하겠다'는 목표를 담고 있다.

글로벌 기업들이 자발적으로 참여하는 캠페인으로 가입 후 1년 안에 이행 계획을 제출하고, 매년 이행 실적을 점검 받는다. 애플, 구글 등 글로벌 기업은 이미 목표를 달성했으며, 국내 기업 중에서는 SK그룹 계열사를 시작으로 LG에너지솔루션, 한화 큐셀 등이 잇따라 참여를 선언하고 있다.

친절한 뽀식 ^{pick} 더 알아두면 좋은 정보!

기업들이 RE100을 선언하는 이유

RE100은 기업들의 자발적인 참여로 이루어지는 캠페인이다. 하지만 점점 자발적 참여가 아닌 강제적 참여로 이어질 가능성이 높은데, 그 이유는 애플, 폭스바겐 등 글로벌 기업들이 자사에 납품하는 협력사들에게 RE100을 요구하고 있기 때문이다. 최근 들어 RE100에 동참하지 않으면 물건을 구매하지 않겠다는 글로벌 기업들이 늘고 있어 새로운 비과세 무역장벽으로 작용할 수 있다는 우려도 높아지고 있다.

RE100을 달성하기 어려운 이유

RE100을 달성하는 방법으로는 자체적으로 신재생에너지를 생산하거나 외부에서 신재생에너지를 사오는 방법이 있는데, 국내에서는 둘 다 쉽지 않은 상황이다. 생산 시설을 갖추기에는 막대한 비용이 소요되고, 한국전력에서는 생산된 전력을 화력, 원자력, 태양광 등으로 나누어 팔지 않기 때문이다. 이러한 제도적 맹점을 보완하기 위해 산업통상자원부에서는 우리나라에 맞게 변경한 '한국형 RE100(K-RE100)'을 2021년부터 본격적으로 도입해 시행 중에 있다.

전 아아밖에 몰라요!
커피 챗

어제 공휴일이라 쉬었더니 오늘 도통 일이 손에 안 잡힌다.

도저히 안 되겠다 싶어서 회사 앞 카페에서 아이스 아메리카노를 하나 샀다.

정 없게 혼자 마실 수 없어 팀원들 커피까지 모두 사들고 돌아온 뽀식이.

그런데 자리에 3잔이나 놓여있는 아아를 발견한다. 다들 힘드셨군요.

최 대리   뽀식님도 커피 사왔어요? 세상에... 팀장님이랑 김 대리님이랑 박 과장
님도 사왔어요.

뽀식이   어... 그럼 이건 어떻게 할까요?

최 대리   일단 영업2팀에서 나신입님 인사 겸 커피 챗 하자고 하니까 잠깐 냉장
고에 넣어두죠.

뽀식이   (엥? 거기도 커피 대란 났나?)

📕 커피 챗 Coffee Chat

커피 혹은 차를 마시며 캐주얼하게 동료들과 이야기를 나누는 자리를 말한다. 대부분 짧은 시간 진행하며 이 시간을 통해 동료들과 좀 더 친밀감을 쌓을 수 있다. 스타트업에서는 공식적인 채용 면접 전에 이직할 회사의 실무자와 구직자가 만나서 서로에 대해 알아갈 시간을 가지는 캐주얼한 자리로도 활용된다.

친절한 뽀식 ᴾⁱᶜᵏ 더 알아두면 좋은 정보!

나신입 뽀식님 저도 같이 가는 거예요?

공채보다 수시채용이 더 활발해지고 있는 요즘, 동기 간의 연대를 대체하기 위해 사내 멘토링 문화가 더욱 활발해지고 있다. 커피 챗이나 티타임도 멘토링 문화 형성에 많은 기여를 하고 있다. 단순히 같은 팀 내에서 먼저 입사한 직원과 신입 직원을 연결해주는 것을 넘어, 아예 다른 부서의 직원들과도 멘토–멘티로 엮어주면서 사내 문화에 뿌리내리도록 하는 과정에 긴장을 녹여줄 커피 챗은 필수라 할 수 있다.

고속도로에서만 겪는 일은 아닙니다
보틀넥

오늘은 월요일.

항상 그렇듯이 오전 업무의 시작은 주간 업무 공유 미팅이다.

여느 때와 다름없는 한 주의 시작이지만, 오늘따라 팀장님의 얼굴이 어둡다.

뭔가 일이 잘 풀리지 않을 때의 모습이랄까?

팀장님　　지금 너무 많은 일정들이 지체되고 있어요. 보틀넥을 찾아 해결해야 할

　　　　　　것 같습니다.

뽀식이　　(앗. 내가 오늘 보틀넥 스웨터 입고 온 게 마음에 안 드셨나?)

📖 보틀넥 Bottleneck

우리말로 표현하면 병목현상, 즉 업무 중 처리 속도가 느린 단계에서 막혀 지체되고 있는 상태를 말한다. 전체 업무 처리 속도가 해당 단계의 처리 속도로 하향평준화 되는 것을 의미한다.

친절한 뽀식 ^{pick} 더 알아두면 좋은 정보!

보틀넥의 예

명절의 교통 체증도 보틀넥의 한 예시다. IC 혹은 톨게이트 구간에서 속도가 지체되면 점점 쌓여 우리가 흔히 '막힌다'라고 표현하는 상태가 되는 것이다. 컴퓨터에서도 병목현상이 일어난다. 여러 개의 부품이 하나로 조립되어 돌아가는 구조이기 때문에 어느 한 부품의 성능이 좋지 않으면 그 부분에서 처리 속도가 지체되는 상태가 된다. 부품뿐만 아니라 네트워크 상태에서도 병목현상은 일어날 수 있다.

각 구성원의 퍼포먼스를 중시하는 회사에서 병목현상이 일어나는 요인 중 하나로 많이 언급되는 것은 '정보 공유의 부재'라고 한다. 소속이나 직위에 따라 구성원들이 수집한 정보의 양과 질은 다를 수 있다. 하지만 이런 정보들이 투명하게 공유되지 않는다면, 정보를 독점하고 있는 특정 인원이 휴가 또는 퇴사할 경우 업무가 지체되는 병목현상이 보다 쉽게 발생할 수 있다.

너 내 동료가 돼라!
TF

오늘 점심은 뜨끈~한 국밥이다.

뽀식이는 국밥을 크게 한술 떠 아삭한 깍두기를 올려 먹었다.

식당에 같이 온 팀장님은 행복하게 밥을 먹는 뽀식이를 보고

한번 웃더니 조심스레 명함 하나를 내밀었다.

명함에는 분명 뽀식이의 이름이 적혀 있지만 부서명은 '신사업 TFT'?

뽀식이의 의아한 시선을 느끼며 팀장님은 말했다.

팀장님　이번에 신사업 TFT를 만들게 되었어요. 뽀식님이 이번 TF에
　　　　함께해주었으면 해요!

뽀식이　(TFT를 만들었는데, 그게 신사업 TFT고, TF에 함께하자고요?)

📓 TF Task Force

일상적인 업무가 아닌 특수한 프로젝트를 수행하기 위해 한시적으로 구성된 임시 조직을 말한다. TF는 다음과 같은 상황에서 주로 만들어진다.

- 특정 부서가 담당하기에는 업무의 범위가 포괄적일 때
- 프로젝트 팀 수준으로 진행하기에는 중요도가 높을 때

※ 진행하는 프로젝트가 지속적으로 투자할 만한 가치가 있을 때는 정식 팀으로 승격되기도 한다.

친절한 뽀식 _pick_ 더 알아두면 좋은 정보!

TF, TFT, TFT 팀, 뭐가 맞는 것일까?

TF(Task Force)는 군대에서 유래한 용어로, 미군에서는 특수임무를 수행하는 기동 부대의 의미로 사용되었다. 여기서 Force는 '힘'을 의미하는 것이 아니라 '부대'를 의미하는 것이다. 따라서 'Task Force'로 쓰는 게 맞지만 많은 사람이 'Task Force 팀'이라는 말을 혼용해 사용 중이다.

2장

경영 및 전략

이번 달 마일스톤은 무엇인가요?
마일스톤

성실한 김뽀식!

출근하자마자 오늘 해야 할 일을 정리한다!

작성한 리스트를 보자 문득,

'나, 일을 잘하고 있는 거겠지?' 하는 생각이 스쳤다.

고개를 갸웃하는 내게 팀장님이 다가왔다.

[뽀식's to-do list!]
- □ 점심 메뉴 정하기 ★★☆
- □ 연말정산 자료 제출하기 ★☆☆
- □ 팀 회의 14:00 ★☆☆
- □ 내일 미팅자료 준비하기 ★★☆
- □ 칼퇴하기 ★★★★★

팀장님　뽀식님! 오늘 회의에서 이번 달 우리 팀 마일스톤을 정할 거니까,

　　　　회의록 꼼꼼하게 작성해주세요.

뽀식이　(제게 필요한 건 타임스톤뿐입니다! 도르마무, 설 연휴를 거래하러 왔다.)

📖 마일스톤 Milestone

단기적 사업 계획 또는 실적 목표를 의미한다. 장기적인 목표 달성 과정에서 순차적으로 세운 단기적인 목표들을 포괄하는 개념이다.

- 달성 목표 : 2021년 하반기 신규 고객 1만 명 유치
- 마일스톤
  - ~7월 4주 차 : 주요 홍보 채널 선정 완료
  - ~8월 4주 차 : 채널별 마케팅 캠페인 기획 등등

친절한 뽀식 ^{pick} 더 알아두면 좋은 정보!

마일스톤의 유래

고대 로마 시대, 로마와 남부 유럽 도시들을 연결하는 도로 포장 공사 중 군대, 상인 등이 본인들의 위치를 돌을 세워 파악했다고 한다. 이 돌에는 목적지까지의 거리가 적혀 있었으며 1,000보에 1개씩 세워졌다고 하는데, 이 돌이 바로 마일스톤이다.

요즘 핫한 OKR, 한 장에 정리!
OKR

회의를 시작하는 팀장님의 얼굴이 유난히 어둡다.

회사에서 잡아 둔 KPI(044쪽 참조) 대비 현재 성과가 미비해서 그런 것 같다.

침묵하던 팀장님이 무언가 결심한 듯 이야기한다.

팀장님   음... 제가 여러분들이 충분히 동기부여될 만한 목표를 세우지

못했던 것 같아요. 우리 한번 도입해봅시다. OKR!

뽀식이   (아임 오케이... OKR...)

성취해야 할 대상인 목적지의 역할을 뜻하는 Objective(목표)와 목표 달성을 위한 방안을 모색하고, 달성 여부를 확인하는 이정표의 역할을 뜻하는 Key Result(핵심 결과)를 합친 용어로, 회사, 사업부, 그리고 각 직원들의 목표를 설정하고 성과를 측정할 수 있는 방법을 뜻한다. OKR은 일반적으로 다음과 같은 기준을 갖고 세운다.

• Objective(목표)는 도전적으로 설정해야 하며, 달성 확률이 50~70% 정도 수준인 공격적인 목표를 설정해야 한다.

• Key Result(핵심 결과)는 측정 가능해야 하고, 하나의 목표당 3~5개를 넘지 않아야 한다. 만약 핵심 결과들이 모두 달성된다면 해당 목표 역시 반드시 달성되어야 하고, 그렇지 못할 경우 핵심 결과를 잘못 설정한 것이다.

• 반드시 CFR이 함께 이루어져야 한다. Conversation(대화), Feedback(피드백), Recognition(인정)을 통해 지속적으로 OKR을 관리해야 한다.

──────────────
친절한 뽀식 *pick* 더 알아두면 좋은 정보! ··

구글이 창고에서부터 사용한 OKR, 한국 대기업들도 도입한다?

피터 드러커의 MBO(목표 관리, 046쪽 참조) 철학에 영향을 받은 앤디 그로브(Andy Grove) 전(前) 인텔 회장이 OKR을 창안하고 존 도어(John Doerr)가 1999년 구글에 소개했다. 이후 구글이 창고에서 시작할 때부터 사용하고 있으며, 현재는 아마존, 디즈니, 페이스북 등 글로벌 기업들도 활용 중이다. 한국에서도 SK, 한화 계열사가 OKR을 도입한다고 해 큰 주목을 받기도 했다.

대표님, 팀장님이 매일 말하는
KPI

갑작스럽게 잡힌 대표님 주최 회의를 앞두고 집에서 오들오들 떨고 있는 뽀식이.

코로나19로 인해 재택근무를 하는 것은 좋지만…

코로나19 때문에 친구네 회사의 월급 감액 소식을 접했기 때문이다.

혹시 우리 회사도? 신입사원은 얼마 받지도 못하는데… (흑흑)

화상회의에 접속하는 이 찰나의 순간이 영원처럼 느껴진다.

두근두근…!! 무슨 일 때문에 회의를 소집한 걸까…

대표님   여러분! 우리 모두 힘든 시기를 겪고 있습니다. 하지만 이런 때일수록
          우리의 KPI를 먼저 생각해야 합니다.

뽀식이   (KPI? 외쳐~ K. Pop. Ingigayo!)

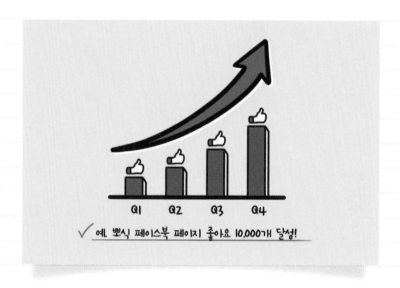

✓ 예. 뽀식 페이스북 페이지 좋아요 10,000개 달성!

KPI Key Performance Indicator

기업이나 조직의 목표 달성과 전략을 위한 핵심 측정 지표를 일컫는다. 각자의 성과 목표를 객관적인 수치로 표현하여 측정이 용이하도록 만든 지표로, 기업의 전략과 밀접한 관계를 가진다.

친절한 뽀식 pick 더 알아두면 좋은 정보!

정량적 목표와 정성적 목표

· **정량적 목표**
  - 정량 지표는 집계, 합계 또는 평균값 도출 등의 방법으로 수치를 측정한 결과다.
  - 가장 기본적이고 보편적인 KPI라고 볼 수 있다.

· **정성적 목표**
  - 수치가 아닌 의견과 견해를 바탕으로 기대에 부합하는 정도를 평가하는 것이다.
  - 공연이나 전시 관람객의 만족도, 인사 부서에서 직원들을 대상으로 실시한 근무 만족도 조사 등을 들 수 있다.

KBO는 아는데...
MBO

뽀식이네 회사는 4월이 성과년도 마감 월이다.

정신없던 한 해가 지나가고 새로운 목표를 세울 시간!

아, 작년이랑 똑같이 쓰는 건 좀 그런데...

고민의 늪에 있던 뽀식에게 한 통의 메일이 도착한다.

✉ [HR] 2021년 MBO 미설정자 안내

이 대리 어라? MBO 설정했는데 왜 안 했다고 메일이 왔지?

최 차장 아직도 MBO 설정 안 했어요? 지금이 벌써 10일인데! 빨리 등록해요!

뽀식이 (MBO...? 우리 콜라보 명단에 KBO가 있긴 했는데...)

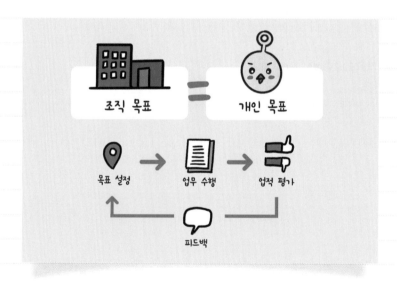

말 그대로 목표 관리를 의미한다. 목표를 위한 관리 방식으로, 조직 목표와 개인의 목표를 통합하여 기업 실적을 향상시키는 목표 관리 용어이며 대부분의 기업에서 1년 단위로 목표를 잡아 진행한다.

친절한 뽀식 ᵖⁱᶜᵏ 더 알아두면 좋은 정보!

목표 설정과 관련된 용어들

- **KPI(Key Performance Indicator)** 기업이나 조직의 목표 달성과 전략을 위한 핵심 측정 지표다. 각자의 성과 목표를 객관적인 수치로 표현하여 측정이 용이하도록 만든 지표이며, 기업의 전략과 밀접한 관계를 가진다.

- **OKR(Objective & Key Results)** 회사, 사업부, 그리고 각 직원들의 목표를 설정하고 성과를 측정할 수 있는 방법이다. MBO가 톱다운 방식이라면 OKR은 보텀업 방식의 더 수평적인 시스템이라고 할 수 있다.

월드 브로드캐스팅 시스템?
WBS

새로운 프로젝트를 시작하게 된 뽀식이.

다양한 팀과 협업으로 진행하게 된 프로젝트는 처음이라

두근거리는 마음을 안고 회의실로 입성했다!

오 차장 그럼 일정은 4월 30일까지고, 업무 카테고리는 어떻게 나누죠?

최 대리 아, 그건 저희 팀에서 WBS 작성해 공유하겠습니다.

오 차장 최 대리가 보내주는 건가?

최 대리 저희 팀 뽀식님이 정리해서 메일 보내드리겠습니다! 뽀식님, 오늘 회의

에서 나온 내용으로 WBS 정리해서 보내주세요!

뽀식이 (WBS…? World Baseball S…?)

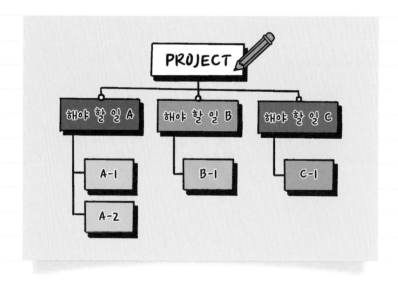

■ WBS Work Breakdown Structure

프로젝트에서 수행하는 작업을 계층 구조로 분류하여 정리한 작업 분류 체계표다. 프로젝트 일정의 정리 및 목표 달성을 위해 필요한 업무를 세분화하는 작업으로, 프로젝트 초반에 해당 WBS를 작성한다.

친절한 뽀식 *pick* 더 알아두면 좋은 정보!

프로젝트 성격이나 내용에 따라 WBS 구조는 매우 다양하다. 다만, 다음과 같은 WBS일수록 적절하다고 볼 수 있다.

· 각 작업의 완료 여부를 비교적 명확히 판단할 수 있다.
· 각 작업의 결과가 분명하다.
· 필요한 비용, 시간 등의 자원을 신뢰성 있게 추정할 수 있다.
· 프로젝트 구성원의 작업 관련 책임과 역할이 명확하다.

이렇게 적절한 WBS를 통해 프로젝트의 정확성을 높일 수 있고, 모니터링과 통제 또한 용이해질 수 있다.

약간 AOMG 느낌!
OMTM

오늘은 뽀식이네 회사의 전체 회의가 있는 날.

월별, 분기별로 모여 회사의 다양한 이슈 사항을 논의하는 날로

모두들 아침부터 바삐 회의실로 움직이고 있는데...!

대표님   최근 신입사원들이 많이 입사하면서 우리 회사의 OMTM에 대해 다시

　　　　한 번 안내하는 시간을 가지려고 해요!

뽀식이   (OMTM...? 오엠투엠...? 오엠투엠이 뭐야...?)

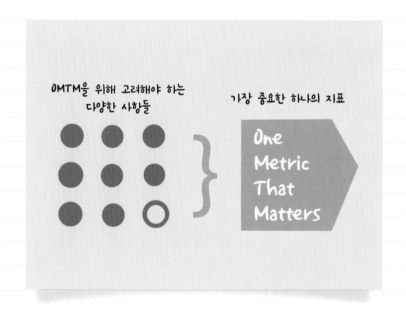

지금 가장 중요한 하나의 지표를 의미한다. 회사의 성장에 집중할 수 있는, 누구나 이해할 수 있는 핵심적인 지표를 말한다.

친절한 뽀식 *pick* 더 알아두면 좋은 정보! ···

NSM도 맛보고 가세요!

NSM(North Star Metric)은 스타트업에서 많이 사용하는 용어로, KPI와 같은 핵심 측정 지표를 의미하며 사업 전체의 핵심 지표가 된다. NSM은 KPI와 비슷하기 때문에 변화가 쉽지 않으며 목표 달성을 위해 중장기적인 계획을 수립하는 과정을 가진다.

EMP보다 강력한 무기인가?
ERP

아침부터 팡팡 터지고 있다. 우리 매출이 팡팡 터진다!

해외에서 대량 주문이 들어왔다는 소식! 워후!

이러다가 우리 회사도 글로벌 회사가 될 것 같고,

그 중심에 김뽀식이 서 있는 것 같고,(당당)

두근거리는 마음에 히죽 웃고 있는데 팀장님이 다가왔다.

팀장님 뽀식님, ERP에 주문 내역이 들어갔는지 확인해주시겠어요?

뽀식이 (ERP...? 터진다는 것이 매출이 아니라...?)

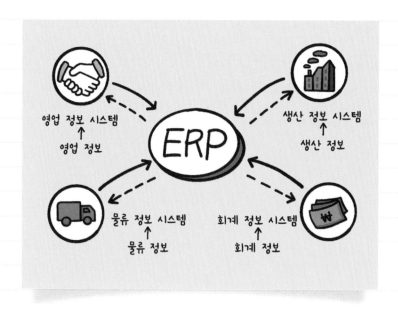

기업이 가지고 있는 판매, 생산, 구매, 물류, 회계 등 별도의 시스템으로 운영되던 것을 하나의 통합적인 시스템으로 구축하여 경영 자원을 효율적으로 운영하는 시스템이다.

ERP의 구조는 기업의 모든 업무 프로세스, 즉 판매, 생산, 회계, 인사 등과 같은 기능의 수행 과정에서 이루어지는 정보를 발생부서에서 입력하면 통합 데이터베이스에 저장되어 기업의 모든 부서에서 필요에 의해 접근하여 활용할 수 있도록 되어 있다. 예를 들어, 영업부서가 상품에 대한 주문을 받아 ERP시스템에 입력하면 그 주문 정보가 모든 부서로 전달된다. 이에 따라 생산부서는 생산을, 물류부서는 상품 배송을 준비한다. 또한 재고관리부서와 구매부서는 생산에 차질이 생기지 않도록 부품을 준비한다. 이처럼 ERP시스템은 기업 전체가 주문과 동시에 필요한 정보를 얻어 각 부서의 생산활동을 효율적으로 지원한다.

───────────
친절한 뽀식 ^{pick} 더 알아두면 좋은 정보! ⋯⋯⋯⋯⋯⋯⋯⋯⋯⋯⋯⋯⋯⋯⋯⋯⋯⋯⋯⋯

ERP의 4가지 특징

· **통합성** 업무 프로세스에서 통합된 업무 환경을 제공하며, 전체 시스템의 표준화된 데이터를 통합한다.

· **확장성** 업무 프로세스를 효율적으로 확장 가능하며, 데이터 저장, 관리, 시각화 등의 기술 발전에 따라 업데이트가 용이하다.

· **신속성** 프로세스 처리 시간 단축으로 부서간 커뮤니케이션 속도가 향상되며, 의사결정 정보 제공 주기를 단축할 수 있다.

· **글로벌** 전 세계 언어, 통화 등 국가별 다른 환경 지원이 가능하며 해외 지사, 혹은 협력사와 통합 시스템 환경 구축이 용이하다.

TBD 한글로 쓰면 쓩!
TBD

이제는 문서 작성에 많이 익숙해진 뽀식이!

같은 팀 최 대리님과 함께 문서를 나눠서 작성하던 도중에

최 대리님에게 전달받은 문서 하나

[뽀식이네 팀 해외 출장 일정표]

3월 4일 　A 협력 업체 미팅 일정 장소 TBD

뽀식이 　(TBD…? 쓩! 간다고 쓰시려다가 한영키 누르셨나…?)

📕 TBD To Be Determined

정해진 것이 아직 없는 상태로, 대부분 보고용 문서를 작성할 때 많이 사용한다.

알파벳으로 외우는 미정에 관한 줄임말!

· **TBA(To Be Announced)** 추후 통지 예정

· **TBC(To Be Confirmed)** 추후 확정 예정

· **TBD(To Be Determined/Decided)** 추후 결정 예정

· **TBF(To Be Frank)** 솔직히 말하면(비즈니스 용어로는 적합하지 않다!)

· **TBU(To Be Updated)** 추후 업데이트 예정

인사이트? 아웃사이트도 있어요?
인사이트

월요일 아침

출근하자마자 갑작스럽게 TF 팀에 들어가게 된 우리의 김뽀식!

새롭게 론칭할 프로젝트에 대한 킥오프를 받게 되는데...

팀장님   모든 아이디어에는 인사이트가 반드시 있어야 합니다. 아시겠죠?

김 대리   그럼요! 인사이트가 알파이자 오메가인 걸요!

뽀식이   (엥? 그 인터넷 뉴스 채널을 보라는 말씀이신가?)

📖 인사이트 Insight

현상을 관찰하여 숨겨진 가치나 진짜 문제를 파악하는 것, 혹은 사물이나 사람, 사건, 현상 등을 새로운 관점에서 해석하는 것을 의미한다. 인사이트를 발굴하는 것도 중요하지만 정말 중요한 것은 인사이트를 발굴하여 연결하는 것이다. 인사이트를 전략이나 기획, 콘텐츠에 적용하여 목표를 이룰 수 있어야 한다.

> **친절한 뽀식** ᵖⁱᶜᵏ 더 알아두면 좋은 정보! ⋯⋯⋯⋯⋯⋯⋯⋯⋯⋯⋯⋯⋯⋯⋯⋯⋯⋯⋯⋯⋯⋯⋯

인사이트로 소비자를 움직인 마케팅 사례

I사 : 혼자 볼게요 바구니

- **Background** 매장을 찾는 소비자에게 점원이 적극적으로 다가가 제품을 소개하고 추천해주는 것이 친절한 응대 방식이라는 인식이 존재한다.
- **Problem** 하지만 정작 소비자들은 점원의 적극적인 접근을 부담스러워 한다.
- **Insight** SNS 등으로 인간관계의 과잉연결에 지쳐버린 사람들이 많아지면서 친절은 오히려 부담이 되어버렸기 때문이다.
- **Idea** 이러한 소비자 심리를 간파한 해당 업체는 매장에 '혼자 볼게요 바구니'와 '도움이 필요해요 바구니'를 비치, 둘 중 하나를 선택하여 매장에 들어가면 소비자가 선택한 바구니를 보고 응대 방식을 결정한다.

G사 : 마음이음 연결음

- **Background** 'I am your energy'라는 슬로건으로 세상의 에너지가 될 수 있는 착한 캠페인을 이어오고 있는 회사다.
- **Problem** 고객센터의 상담원들이 일상적인 언어 폭력과 감정 노동에 고통받고 있다.
- **Insight** 상담원들 또한 누군가의 소중한 가족이다.
- **Idea** 상담이 연결되기 전에 흘러나오는 연결음을 가족들의 목소리로 녹음하여 상담원들 또한 누군가의 소중한 가족임을 상기시켜 고객들의 폭언을 사전에 차단한다.
- **Result** 상담원 스트레스 54.2% 감소, 고객의 친절한 한마디 8.3% 증가, 존중받는 느낌 25% 증가, 고객의 친절에 대한 기대감 25% 증가 등 감정노동자의 인격권 보호에 대한 사회적 공감대를 형성하여 실질적인 결과로도 이어졌다.

오늘 어디 아프세요!
페인포인트

뭐라 표현할 수 없는 묵직~한 정적이 지배하는 회의실.
지난 프로젝트의 성과가 별로 좋지 못했기 때문이다.
김뽀식이 눈을 이리저리 굴리며 눈치를 살피던 그때,
팀장님이 테이블을 쾅! 치며 이야기한다. (깜짝이야!)

팀장님   도대체 뭐가 문제였지! 고객의 페인포인트를 정확하게 캐치했다고
           생각했는데!

뽀식이   (고객이... 많이 아팠나요? 그래서 프로젝트가...!)

📖 페인포인트 Pain Point

．．

제품이나 서비스에 대해 소비자가 불편하게 느끼거나 기능적으로 결여된 부분을 뜻하는 용어다. 소비자에게 충족되지 못한 욕구, 불만족으로 인해 생긴 불편함을 뜻하고 회사가 해결하고자 하는 문제를 뜻하기도 한다.

친절한 뽀식 ^{pick} 더 알아두면 좋은 정보! ．．．

페인포인트를 잘 파악하여 서비스를 성장시킨 회사는?

소비자가 어떤 페인포인트를 가지고 있는지 파악하는 것은 매우 중요하다. 토스, 쿠팡, 마켓컬리, 당근마켓 등은 소비자가 기존에 가진 불편함을 잘 파악해 서비스를 만든(또는 개선한) 대표적인 회사라고 할 수 있다.

각 회사의 페인포인트 사례를 통해 알 수 있는 것은 소비자는 대단하거나 어떤 큰 부분에서 불편함을 느끼는 것이 아니다. 오히려 생활 속에 묻어나는 습관적인 불편함, 그리고 그 심플한 문제를 디테일하게 찾아내고 가치를 발견하는 것에서 페인포인트는 시작된다고 할 수 있다.

입사한 지 100일인데 BM 준비됐어요?
비즈니스 모델

입사한 지 드디어 100일!

팀원들에게 한턱 내며 도란도란 이야기를 나누고 있는 뽀식이.

이야기꽃이 한창인데, 스마트폰에서 눈을 떼지 못하는 팀장님.

뽀식이 팀장님~ 뭘 그렇게 열심히 보세요?

팀장님 아, 이거? 요즘 가장 핫한 우리 동네 직거래 앱 우동마켓이에요.

어떤 물건이 올라왔는지 보고 있었어요. 뽀식님은 안 써보셨나요?

뽀식이 아, 저는 주변에서 많이 쓴다는 말만 들었지 직접 써본 적은 없어요.

김 대리 저도 우동마켓 자주 써요! 근데 거긴 수수료도 안 받던데 BM이 뭘까요?

뽀식이 (Birthday Merchandise...? 100일이 생일은 아닌데...?)

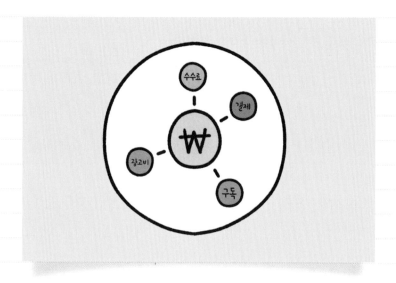

📖 비즈니스 모델 BM, Business Model

특정 제품이나 서비스를 소비자에게 제공하면서 어떻게 수익을 창출할 것인가에 대한 계획 또는 사업 아이디어를 의미한다. 고객의 니즈, 수요를 발견해 가치를 창출하는 것이며, 수익 모델이라고도 불린다. 보통은 줄여서 BM이라고 한다.

비즈니스 모델은 돈만 벌면 장땡!?

흔히 '돈을 어떻게 버는지'가 궁금하면 '비즈니스 모델이 무엇이냐'고 묻곤 한다. 하지만 비즈니스 모델은 단순하게 수익을 생각하는 것 이상으로 고객에게 어떤 가치를 줄 것인지에 대한 깊은 고민이 필요하다.

비즈니스 모델 캔버스(Business Model Canvas)

핵심 파트너	핵심 활동	가치 제안	고객 관계	고객
	핵심 자원		채널	
비용			수익	

위에 그려진 표는 비즈니스에 포함되어야 할 9개의 주요 요소를 한눈에 파악할 수 있도록 만든 템플릿이다. 이렇듯 다양한 사업적 요소를 깊이 있게 고민하고 고객에게 가치를 제공하여 그에 따른 수익을 얻는 일련의 과정이 비즈니스 모델을 구성할 때 중요하다고 할 수 있다.

MVP는 바로 당신! 아, 사람이 아니라구요?
MVP

스타트업에 다니는 친구 서달미를 만난 뽀식이.
달미의 다사다난 스타트업 고군분투기를 들으며
눈앞의 티라미수를 크게 한입 하려는 찰나!

서달미　그래서 이번 아이디어는 MVP 먼저 진행해볼 것 같아.
뽀식이　(MVP...? 최우수 선수!?)

📖 **MVP** Minimum Viable Product, 최소 기능 제품

사업 아이디어가 실제 시장과 고객의 니즈를 충족하는지 그 가치를 검증하기 위한 최소한의 제품(서비스)을 말한다. 검증하는 차원이기 때문에 처음부터 완전한 기능을 가진 제품을 만드는 것이 아니라 작동 가능한 최소한의 핵심 기능만을 구현하고 고객의 반응과 가설을 검증한다.

친절한 뽀식 *pick* 더 알아두면 좋은 정보!

PoC, 프로토타입, MVP의 차이

- **PoC(Proof-of-Concept)** 서비스 개발 전 단계에서 신기술 혹은 기능의 실현 가능 여부를 테스트하기 위한 것으로, 완전한 제품(서비스)의 형태가 아닌 일부 기능으로만 존재한다.
- **프로토타입(Prototype)** PoC와는 달리 제품(서비스)의 형태를 어느 정도 갖춘 모델로, 디자인, 사용성, 기능 등 서비스의 전체적인 테스트를 위한 용도로 사용된다.
- **MVP(Minimum Viable Product)** PoC, 프로토타입과 달리 서비스가 '실제 시장에서 반응이 있는지'를 테스트하기 위한 용도다.

자동차를 예로 들면, 신기술을 탑재한 자동차 엔진을 개발중인 뽀식이. 신기술이 제대로 구동하는지 테스트를 진행해본다(**PoC**). 뽀식은 자동차를 만들었고, 이제 자동차가 굴러가는지 내부적으로 기능과 사용성을 테스트할 시간이다(**프로토타입**). 엔진과 바퀴밖에 없지만 자동차라는 것을 드디어 개발했다. 얼른 시장에 출시해 탈 사람이 있는지부터 검증해보자!(**MVP**)

야자시간에 보던 PMP아님
PMF

신제품을 출시하고 딱 한 달이 지났다.

한 달 동안의 각 판매 채널별 매출 지표를 취합해 팀장님에게 전달했다.

뽀식이는 두근두근하다.

왜냐하면 매출을 봐버렸기 때문이다.

그것도 목표치보다 한참 낮은 수치를...

팀장님이 크게 한숨을 쉬더니, 우물쭈물 눈치를 보고 있는 나에게 말했다.

팀장님   이번 제품은 아직 PMF를 찾아가는 단계라고 생각해요. 제품 자체는

완성도가 높으니까, 적합한 시장을 발굴하는 데 힘써줘요, 뽀식님.

뽀식이   (야자시간에 인강 보던 PMP요? 사실 예능 몰아서 봤음.)

성장 잠재력이 큰 시장에서 그 시장에 있는 고객의 문제를 잘 해결(만족)할 수 있는 제품을 갖고 있는 상태를 말한다.

PMF의 유래

마크 안드레센(Marc Andreessen)*이 처음 사용했으며, PMF를 '창업자에게 유일하게 중요한 것(The only thing that matters)'이라고 표현했다. 다만, PMF에 어떻게 도달하느냐는 질문에는 느낌(?)으로 알 수 있다고 말했다고 전해진다.

※ 마크 안드레센은 넷스케이프 창업자로 실리콘밸리에서 가장 영향력 있는 벤처캐피털인 안드레센 호로위치(Andreessen Horowitz)의 창업자다.

친절한 뽀식 _pick_ 더 알아두면 좋은 정보!

PMF 도달을 확인할 수 있는 방법

- **40% 가이드라인** 그로스 해킹의 창시자 션 엘리스가 제시한 것으로 "이 제품이 없다면 매우 실망할 것이다"라고 응답하는 고객의 비율이 전체 응답자의 40%가 넘는다면 PMF를 달성했다고 보는 것이다.

- **PMF 달성 지표 3가지** 구글 프로덕트 매니저 앤드류 안(Andrew Ahn)이 제시한 것으로, 10% WoW 성장, NPS(고객 순 추천 지수) 50 이상, 50% 이상 고객의 매일 재방문(재사용)을 통해 PMF 달성 여부를 확인할 수 있다.

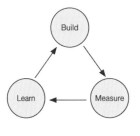

※ **주의!** PMF는 한번 도달했다고 그 상태가 유지되는 것이 아니다. 제품에 대한 고객의 효용이 변하고 시장도 끊임없이 변화하기 때문인데, PMF에 도달했다는 느낌이 오더라도 더 높은 단계의 PMF에 도달하기 위해 지속적으로 노력해야 한다.

린~ 하게
린 스타트업

긴급 상황이다!

대표님이 팀장님을 소환해 급히 회의에 들어갔다.

김뽀식은 마음을 졸였다.

이번 회의는 우리 팀이 진행하는 제품 개발에 대해

대표님에게 보고를 마치자마자 잡혔기 때문이다.

긴 회의 끝에 돌아온 팀장님은 영혼이 빠져나간 것처럼 보였다.

하지만 곧 무엇인가를 결심했는지, 벌떡 일어나 우리 팀을 향해 말했다.

팀장님   린하게 하자, 린~하게! 일단 핵심 기능을 넣은 시제품부터 만들어봅시다!

뽀식이   (가수 린이요?)

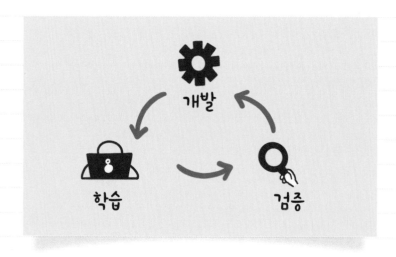

📖 린 스타트업 Lean Startup

....

불필요한 요소를 걸러내고 핵심에 집중한다는 철학으로, 개발-검증-학습의 사이클을 운영하는 제품 개발 방법론을 말한다. 부족한 자원으로 최대한의 성과를 내야 하는 스타트업에게 최적화된 방법론으로 알려져 있다.

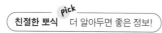

친절한 뽀식 ^{pick} 더 알아두면 좋은 정보! ....

린 스타트업과 함께 꼭 알아두자! MVP

MVP(062쪽 참조)는 핵심 기능만을 최소한의 소요로 구현한 제품을 말한다. 예를 들어, 자동차를 만들기 전 사람들이 이동 수단을 필요로 하는지(=핵심 가치)부터 확인하기 위해 바퀴가 달린 단순한 이동 수단(=핵심 기능)부터 제품을 만들어보는 것이 MVP다.

피닛 말고
피봇

뽀식이는 기가 죽었다.

오늘 회의 분위기가 싸늘하다.

가슴에 비수가 날아와 꽂힌다.

대표님   우리 아무래도 피봇해야 할 것 같아요.

팀장님   아직 제품 반응을 충분히 수집한 것도 아닌데 그래야 할까요?

대표님   출시와 동시에 캠페인을 벌였는데도 이 정도 반응이면 아무래도
              힘들 것 같아요.

팀장님   (한숨) 그렇군요. 피봇 방향은 어떻게 잡는 게 좋을까요?

뽀식이   (뭐가 피봇이라는 거죠? 설마 피닛 버터?)

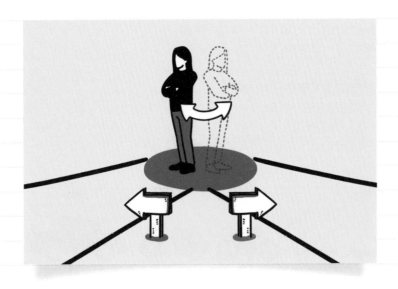

📖 피봇 Pivot

초기 제품을 통해 고객의 반응을 얻고, 이를 바탕으로 지금의 사업 방향이 맞지 않는다고 판단되면 사업 방향 전환을 하는 행위를 뜻한다. 사업 방향을 수정하거나 기존 사업을 포기하고 새로운 사업을 시작할 때에도 피봇을 했다고 표현하는 경우가 많은데, 피봇의 정확한 정의는 회사의 비전은 바꾸지 않고 전략을 바꾸는 경우를 의미한다.

친절한 뽀식 ^{pick} 더 알아두면 좋은 정보!

에릭 리스(Eric Ries)의 《린 스타트업》에 나온 피봇의 10가지 종류

- Zoom - In Pivot(줌인 피봇)
- Zoom - Out Pivot(줌아웃 피봇)
- Customer - Segmentation Pivot(고객군 피봇)
- Customer - Needs Pivot(고객 필요 피봇)
- Platform Pivot(플랫폼 피봇)
- Business Architecture Pivot(사업 구조 피봇)
- Value Capture Pivot(가치 획득 피봇)
- Engine of Growth Pivot(성장 엔진 피봇)
- Channel Pivot(채널 피봇)
- Technology Pivot(기술 피봇)

Jeong-mal 큰 커브인가?

J-커브

촉촉하게 비가 내린다. 내 마음에도 감성이 스며든다.

슬쩍 온라인 탑골공원을 탐색해보는 김뽀식!

이어폰을 장착하고 추억에 빠져본다.

감상에 젖어 있는데, 음악을 뚫고 대표님의 한숨 소리가 들린다.

대표님   투자자랑 오늘 내내 우리 현금흐름 보면서 J-커브만 얘기했어요.

팀장님   고생 많으셨습니다, 대표님...

뽀식이   (Please don't tell me why~ ♪ 이렇게 돌아서지만~~)

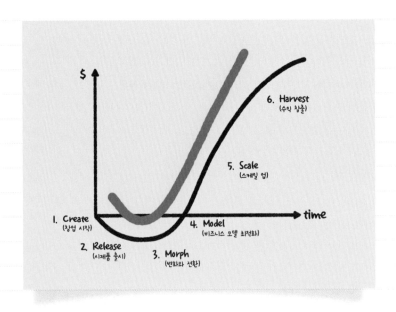

📖 J-커브 J-curve

스타트업의 예상 현금흐름을 말한다. 거의 대부분의 스타트업이 연도별 누적 현금흐름을 도표로 나타내면 J형태로 나타난다. 매출이 날 때까지 보유 현금은 줄어들 수밖에 없고 시간이 걸리기 때문이다.

스타트업의 J-커브로 알 수 있는 것
- 필요한 자금 투입 규모 및 타이밍
- 매출이 발생하기까지의 소요 시간
- 영업 흐름 손익분기점까지의 소요 시간
- 투자금 회수 가능 기간 및 창출 가능한 최대 현금흐름

원래 J-커브 효과란 변동과 무역수지와의 관계를 나타낸 것이다. 초기 무역수지가 악화되었다가 상당 기간이 지난 후에야 개선되는 현상으로, 이 모습이 J자형 곡선의 형태이기 때문에 'J-커브'라는 이름이 붙여졌다.

친절한 뽀식 ᵖⁱᶜᵏ 더 알아두면 좋은 정보! ·····································

스타트업 J-커브의 6단계
- **1단계 : Create(창업 시작)** 아이디어, 팀, 자본을 기반으로 창업에 뛰어드는 시기
- **2단계 : Release(시제품 출시)** 테스트 마켓을 대상으로 시제품을 출시하고 시장으로부터 피드백을 받는 시기
- **3단계 : Morph(변화와 전환)** 피드백을 기반으로 제품 또는 비즈니스 모델을 조정 및 최적화하여 시장 진출 및 사업화 가능성을 재고하는 시기
- **4단계 : Model(비즈니스 모델 최적화)** 스타트업이 최적화한 비즈니스 모델로 시장에 진입하는 단계로 시장에서의 브랜드 위상과 투자 자본을 조달하는 시기
- **5단계 : Scale(스케일 업)** 시장 진입의 성과를 기반으로 본격적인 성장을 도모하는 시기
- **6단계 : Harvest(수익 창출)** 규모화, 조직화, 사업 모델의 안착 등으로 스타트업에 참여한 투자자 등이 실질적인 수익 창출의 과실을 얻는 시기

죽음의 계곡에 오신 것을 환영합니다!
데스밸리

어제는 폭풍이 불었다.

회사에서 우리 팀이 진행하던 프로젝트를 중지한다고 결정했기 때문이다.

실망한 팀원들끼리 거하게 한 잔을 했더니 숙취가 어마어마하게 몰려온다.

좀비 같은 몸을 이끌고 회의에 들어간 김뽀식.

팀장님   이번 일로 예산이 조금 타이트해질 것 같아요. 지금 우리는

              데스밸리에 있다고 생각하며 다음 프로젝트는 잘해봅시다!

뽀식이   (숙취 때문에 pposic death)

📖 데스밸리 Death Valley

스타트업이 성장 단계에서 자금 조달의 어려움으로 정체되는 기간을 의미한다. 일반적으로 창업 후 3~7년 사이가 가장 극심한 자금난을 겪는데, 이 시기의 극복 여부에 따라 회사의 생사가 갈린다고 해도 과언이 아니다.

친절한 뽀식 *pick* 더 알아두면 좋은 정보!

데스밸리를 극복하려면?

- **창업 시작 전 충분한 자금 및 자원 축적** 비즈니스 모델이 자리 잡아 안정적인 수익을 창출하기 이전까지 필요한 재원을 측정하고 자체 자금 또는 부트스트랩을 준비해야 한다.
- **크라우드펀딩 활용** 사업 아이템이 높은 시장성을 지닌다면 아이디어나 계획서 등을 토대로 대중에게 투자금을 모금하는 크라우드펀딩(198쪽 참조)도 대안이 될 수 있다.
- **공모전 및 지원 사업을 통한 사업 보조금 마련** 기술 연구 등 프로젝트가 개발에 초점이 맞춰져 있다면 정부 공모전이나 사업에 지원해 보조금을 받을 수도 있다.
- **배급업자나 수혜자와 합동으로 사업 시작** 사업에 연관되거나 전략적으로 관심을 보인 기업이나 개인에게 이른 시기에 투자를 받고 추후 수익이 발생할 시 상환한다.
- **스타트업 간의 협력을 통한 네트워크의 가치 극대화** 서로 다른 기업이 필요한 제품이나 서비스를 상대 기업에 제공하면서 상호보완적 관계를 형성한다.

일단 R겠습니다!
IR

쿵쿵쿵쿵

대표님이 우리 팀을 급습했다.

왠지 조금 흥분한 것처럼 보여서 덩달아 긴장한 김뽀식.

대표님   내일 유명 글로벌 투자사에서 잠시 저희 회사에 올 거예요.

팀장님   아? 진짜요? 기회가 될 수 있겠네요…!

대표님   혹시 IR 자료가 최신 지표로 업데이트되었는지 확인해주시겠어요?

팀장님   알겠습니다. 바로 확인해볼게요. 뽀식님?

뽀식이   (I~ R~ 겠어요오~)

투자자 또는 이해 관계자들에게 기업의 정보를 제공하기 위한 홍보 활동을 뜻한다. 경영 상황, 재무 상황, 업적 활동 등에 관한 정보들이 포함되어 있다.

친절한 뽀식 ^{pick} 더 알아두면 좋은 정보!

IR과 PR의 차이

기업을 홍보한다는 부분에서 비슷하게 느낄 수도 있다. 그런데 PR은 기업의 이미지나 제품 홍보를 중심으로 커뮤니케이션하지만, IR은 수치적인 자료를 기반으로 기업의 경영 현황이나 미래 정보를 중점적으로 설명한다. 또한 PR은 일반 공중, IR은 투자자를 대상으로 하기 때문에 전달하는 정보가 서로 다르다는 것도 기억해야 한다.

	IR	PR
특징	투자자와의 신뢰관계를 통한 기업의 성장을 위한 경영 활동	우호적인 여론 형성을 유도하는 커뮤니케이션 전략
대상	투자자, 일반 투자자, 애널리스트, 펀드매니저, 잠재적 주주	일반 대중
내용	기업의 경영 현황 발표 및 기업의 미래 정보	기업의 이미지 제고와 제품 홍보
수단	투자설명회, 일대일 미팅 등의 직접적인 방법 중심	TV, 라디오, 신문 등의 대중매체를 통한 간접적인 방법 중심

뽀식 컴백을, 피칭합니다!
피칭

우리 회사가 글로벌로 진출한다고 한다!

BTS, 기생충에 이어, 이제 우리 회사도 두유노클럽에 들어가는 건가?

두유노 우리 회사? 두유노 뽀식?

영어 공부를 다시 해야 하나 싶어

ABC 초콜릿을 먹고 있는데 팀장님이 말을 걸었다.

팀장님 다음 달에 저희 해외 피칭하는 거 아시죠? 우선 다른 사례들을
좀 찾아봐야 할 것 같은데, 뽀식님이 진행해주세요.

뽀식이 피칭이요? 웨딩 피치? 전 데이지가 좋았는데... (발그레)

📖 피칭 Pitching

투자 유치 및 계약 수주를 위해 투자자·심사위원을 대상으로 짧은 시간 동안 자사의 제품이나 서비스를 홍보하는 것을 말한다.

피칭의 유래

야구에서 사용되는 Pitcher(투수), Pitch(던지다)에서 유래된 말로, 상대방에게 자사의 제품이나 서비스를 확실하게 전달시킨다는 의미에서 투수가 공을 던지는 것과 같다 하여 사용되었다고 한다.

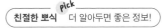
친절한 뽀식 ^{pick} 더 알아두면 좋은 정보!

피칭을 위한 피치덱

피치덱(Pitch Deck)은 투자자들에게 보이기 위한 파워포인트, 키노트 형식으로 된 회사 비즈니스 모델에 대한 설명 자료를 말한다.

에어비앤비의 피치덱을 통해 살펴본 자료 구성 요소

- 회사의 로고, 한 줄 소개
- Problem : 현재 풀고자 하는 문제, 누구의 문제인지, 현존하는 해결책이 불충분한 이유
- Solution : 문제의 새로운 해결책(해결책의 장점 1,2,3)
- Market Validation / Traction : 유료 사용자 유입 가능성의 증거(유사 제품의 시장 규모)
- Market Size : 시장의 전체 크기 및 성장 가능성
- Product : 제품에 대한 간략한 소개 스크린샷 또는 사용 플로(데모비디오)
- Business Model : 수익 창출 방법 한 줄 요약, 예상 매출 및 현금흐름
- Market Adoption : 사업의 성장 계획, 유저 유입 경로
- Competition : 주요 경쟁사 및 그들과 이 제품이 다른 점을 명시하는 것이 포인트
- Team : 관련 경험과 학력
- Questions : 질의응답

오늘은 딱~ 뽀식데이! 그리고
데모데이

오늘 대표님이 우주 멋쟁이로 보였다.

평소보다 외모와 옷차림에 신경 쓰신 것 같다.

출근한 대표님이 팀장님과 얘기하며 무슨 데이(?)를 언급하는 것이 들려왔다.

흐뭇하게 대표님을 보고 있는데, 옆에 있던 팀장님이 내게 말했다.

팀장님 오늘 대표님이 데모데이에서 발표하신대요! 뽀식님, 대표님이

피칭하는 모습 본 적 있어요?

뽀식이 (오늘은 딱밤 뽀식 데이!)

📖 데모데이 Demoday

주로 초기 단계의 기업이 사업 모델을 투자사들에게 알리기 위해 무대에서 발표하는 행사를 뜻한다. 실리콘밸리의 액셀러레이터(082쪽 참조)들이 자신들이 육성한 스타트업들을 엔젤 투자자나 벤처캐피털 관계자 등에게 소개하기 위한 것이 데모데이의 시작이라 할 수 있다. 투자관계자 등을 대상으로 프라이빗한 형식의 데모데이도 있으나, 요즘은 일반 사람들도 함께 참석할 수 있는 대중적인 행사로 열리는 것이 일반적이다.

데모데이에서 발표하는 내용
- 해결하려는 문제
- 그에 대한 솔루션
- 수익 모델
- 시장성
- 팀의 역량 등

친절한 뽀식 ᵖⁱᶜᵏ 더 알아두면 좋은 정보! ┄┄┄┄┄┄┄┄┄┄┄┄┄┄┄┄┄┄┄

나의 사업 모델을 투자사들에게 알리고 싶다면?
최근에는 국내 유망 기업의 투자유치 지원을 위해 국가기관과 금융그룹, 지방자치단체 등에서 데모데이를 개최하는 빈도가 늘고 있다. 데모데이뿐만 아니라 창업가 육성 아카데미 등 지원 사업이 많으니 꼼꼼하게 알아보고 참여해보자!

투자하면 저도 천사되나요?

엔젤 투자

김뽀식은 오랜만에 날씨 좋은 점심시간을 보내고 있다.

근처에 미팅이 있어서 들렀다는,

이제는 창업해 사장님이 된

전 회사 동료와 점심을 하게 된 김뽀식!

이런저런 이야기꽃을 피우게 되는데...

뽀식이　요즘 다들 말도 아니게 힘들다던데... 회사 재정은 어때? 괜찮아?

이 사장　우리 회사는 그래도 이번에 엔젤 투자 매칭돼서 자금 여유가 좀 생겼어.

뽀식이　(엔젤 투자? 뭐지 천사에게 투자받은 건가?)

📖 엔젤 투자 Angel Investment

자금이 필요한 벤처기업에 투자자들이 돈을 모아 자금을 주고, 그 대가로 주식 혹은 그에 상응하는 재화를 받는 투자 형태를 말한다. 엔젤 투자라고 명명된 이유는, 창업자 입장에서는 필요한 자금을 지원해주기 때문에 천사 같은 투자라고 하여 붙여졌다고 한다. 와디즈와 같은 투자 플랫폼도 엔젤 투자의 한 형태다.

친절한 뽀식 _pick_ 더 알아두면 좋은 정보!

블랙 엔젤도 있다던데?

투자를 해준다는 명목하에 엔젤로 나타나 자금 등을 지원해주다가 경영권이나 기술정보, 특허 등을 착취해가는 투자자나 기업을 말한다. 요즘 이런 블랙 엔젤의 횡포 때문에 정부에서도 신고센터 등을 설치해 많은 제재를 가하고 있다.

지금 밟으러 갑니다(부릉부릉)!
액셀러레이터

오늘은 외부 미팅이 있었다.

오랜만에 팀장님과 함께한 외근이라 신이 났다.

미팅을 마치고 회사로 복귀하는 길.

누군가 팀장님의 어깨를 두드렸다.

팀장님의 오래된 친구분이었다.

나는 잠시 병풍이 되었고, 두 분은 대화를 나눴다.

팀장님 너 엑시트(088쪽 참조)하고 액셀러레이터 차렸다면서!

너무 잘 어울린다! 축하해!

뽀식이 (부릉부릉! 자동차 액셀이요?)

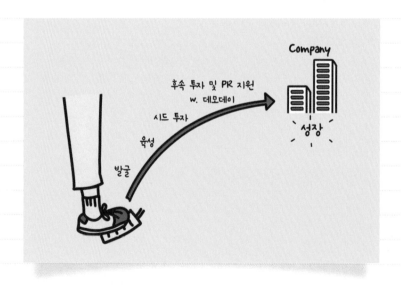

📖 액셀러레이터 Accelerator

초기 창업자 등의 선발·투자, 전문 보육을 주된 업무로 하는 사람을 일컫는다.

액셀러레이팅 방식

- **발굴** : 일반적으로 배치, 기수로 스타트업을 모집
- **육성** : 일정 기간 동안 창업 교육 프로그램 및 멘토링, 인프라 지원 등을 통해 해당 스타트업의 비즈니스를 발전시키는 역할
- **투자** : 시드(Seeds) 단계의 펀딩에 참여해 소규모 지분을 취득
- **후속 연계 및 PR 지원** : 벤처캐피털, 미디어, 대중을 대상으로 데모데이 진행

친절한 뽀식 *pick* 더 알아두면 좋은 정보! ....

투자 받기 위해 필요한 IR 자료

IR(Investor Relations, 074쪽 참조)은 투자자들을 대상으로 실시하는 홍보 활동이다. IR 자료에 필수적인 요소는 다음 6가지 정도가 있다.

- 시장 트렌드 및 문제 정의
- 솔루션
- 투자 요소(기술, 콘텐츠 등)
- 경쟁사
- 비즈니스 모델
- 맨파워(팀 소개)

벤츠 가고, 벤처캐피털(VC) 도착!
벤처캐피털

오늘은 우리 회사의 주주총회!

막내 김뽀식은 주총을 앞두고 임무를 맡았다.

바로 테이블 세팅! 가장 중요한 것은 바로 각!

한점 삐뚤어짐 없이 정확한 각으로 자료를 올려두었다.

뿌듯하게 테이블을 바라보는데, 팀장님이 주주명부를 들고 회의실로 들어왔다.

팀장님   오늘 벤처캐피털 2개사를 비롯한 10명의 주주가 참석할 것 같아요.

　　　　뽀식님이 앞에서 서명을 받아주세요.

뽀식이   (서명이 아니라 설명이 필요합니다.)

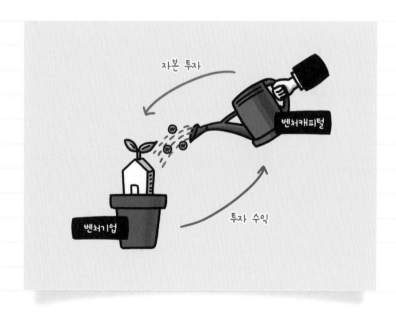

📖 벤처캐피털 Venture Capital

....

성장 가능성이 있지만 리스크가 큰 벤처기업(스타트업)에 무담보 주식투자 형태로 투자하는 회사를 말한다.

투자한 기업이 성장·발전한다면 보유 주식 매각을 통해 투자금을 회수해 수익을 올릴 수 있지만, 투자한 기업이 성장하지 못하거나 파산한다면 투자금을 회수하기 힘들거나 불가할 수도 있다.

벤처캐피털이 확인하는 기대수익배수 계산식

엑시트 밸류(Exit Value, 최종 회수 투자금) ÷ 포스트 밸류(Post Value, 투자 후 기업가치) = 기대수익배수(Investor Desired ROI Multiple)

※ ROI(Return On Investment, 투자자본수익률) = 수익 / 총자산

투자를 집행하는 벤처캐피털에서는 최종적으로 얼마나 투자금을 회수할지, 몇 배의 기대수익률을 달성할지에 초점을 맞춰야 한다.

─────────── 친절한 뽀식 ᵖⁱᶜᵏ 더 알아두면 좋은 정보! ··································

벤처캐피털 펀드?

위험은 크지만 고수익이 기대되는 신규 사업체에 투자하기 위하여 조직한 펀드를 일컫는다. 벤처캐피털 펀드는 투자자, LP(Limited Partners, 출자자)가 있어야 하는데, 주로 정부기관, 연기금, 금융기관, 사기업 등이 LP가 된다.

초콜릿처럼 꺼내 먹어요
시드, 시리즈 A, B, C 투자

연말이다. 주말마다 너무 흥겹게 보냈나 보다.

오늘따라 월요일 아침이 피곤하다.

사무실에 들어가니 팀장님이 휴대폰을 보다가 키득키득 웃으며

인사를 건넸다.

팀장님   뽀식님 이 서비스 써봤어요? 이번에 시리즈 B 투자 받고,

　　　　 마케팅 엄청 하길래 써봤는데 되게 편하네요!

뽀식이   (해리포터 시리즈는 압니다만?)

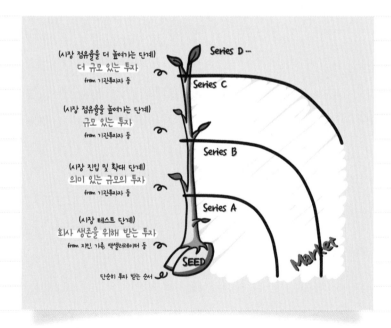

📖 시드, 시리즈 A, B, C···

기업이 투자를 받는 단계(순서)를 표현한 말이다.

시드(Seed) 단계 : 회사의 생존을 위해 받는 투자(평균 투자 금액 15억 원)
- 사업 단계 : 비즈니스 콘셉트 및 구현을 위한 원천기술 확보
- 평균 기업 가치 : 70억 원

시리즈 A단계 : 의미 있는 규모의 투자(평균 투자 금액 60억 원)
- 사업 단계 : 핵심 인력 확보 및 최소 기능 제품(MVP, 062쪽 참조) 구현 또는 확보
- 평균 기업 가치 : 300억 원

시리즈 B단계 : 규모 있는 투자(평균 투자 금액 90억 원)
- 사업 단계 : 완결성 있는 초기 사업 모델로 고객 관점의 기술 유효성을 검증해 수익 창출
- 평균 기업 가치 : 450억 원

시리즈 C단계 : 더 규모 있는 투자(평균 투자 금액 150억 원)
- 사업 단계 : 시장 만족 제품 PMF(064쪽 참조)를 통한 사업 확장 가능성 검증
- 평균 기업 가치 : 800억 원

시리즈 D, E··· 단계 : 더 규모 있고, 더 높은 기업 가치, 더 높은 투자 금액 투입
- 투자 형태는 주로 지분투자 중심이며, 시리즈 C단계 이후부터는 경영권 인수도 가능해진다.

※ 본 내용은 통계청, The VC, CB insights를 참조하여 작성하였다.

영화 <엑시트> 말고
엑시트

회식이다!

그런데 어쩐지 회식 분위기가 심상치 않다.

듣기로는 팀장님이 일했던 회사가 대기업에 인수되었다고 한다.

팀장님은 소주 한 잔을 마시고, 내게 어깨동무를 하며 말했다.

팀장님　뽀식님! 우리 열심히 해서 투자도 받고 상장도 합시다!

　　　　근데 나 만약에 전 회사에 계속 있었으면 내가 두고 온 스톡옵션 다

　　　　엑시트할 수 있었는데...

뽀식이　(엑시트? 비상계단에 있는 거요?)

투자자 입장
회수 전략
"내 투자금 어떻게 돌려 받지?"

창업자 입장
출구 전략
"내 지분 어떻게 팔지?"

✓ 엑시트의 방법 : IPO(기업공개, 상장), M&A(인수합병), 개인 간의 거래 등

📘 엑시트 EXIT

....

투자자 또는 창업자 등이 보유한 회사의 지분(주식)을 매각하여 수익을 내는
것을 말한다.

투자자 입장(회수 전략)

투자한 자금으로 보유하게 된 회사의 지분을 수익(현금화)으로 회수하는 것
이다.

창업자 입장(출구 전략)

창업자가 보유한 회사의 지분을 매각(현금화)할 출구를 찾는 것이다.

엑시트를 할 수 있는 경우

IPO(기업공개, 172쪽 참조), M&A(인수합병), 개인 간의 거래 등을 의미한다.

친절한 뽀식 ^{pick} 더 알아두면 좋은 정보! ....

IPO(기업공개) 전 엑시트!

초기 투자자들이나 창립 멤버들은 시장 기대감이 가장 오른 기업공개 전후로 엑시트하는 경향
을 보인다. 2021년 8월 최근 상장한 크래프톤 역시 마찬가지다. 일부 투자자들이 이미 기업공
개 전인 2020년 엑시트를 하여 지분의 상당부분을 현금화하는 엑시트를 실행했다.

유니콘의 꿈을 위하여
유니콘

사무실에 들어가자마자 낯선 포스터를 발견했다.

포스터에는 '유니콘 기업이 되는 그날까지!'라고 적혀 있었다.

회사를 전설로 만들자는 의미인가 싶어 궁금한 표정으로

포스터를 빤히 보고 있었다.

이런 뽀식이 귀여웠는지 팀장님이 슬쩍 내 옆으로 왔다.

팀장님　이번에 우리 회사가 차기 유니콘 기업이 되겠다는 PR 자료를 만들 예정
　　　　이에요. 참고할 만한 국내 유니콘 기업 자료를 리스트업 해주시겠어요?

뽀식이　(전 구구콘 만든 기업밖에 모르는 걸요?)

📖 유니콘 Unicorn

기업가치가 10억 달러 이상인 비상장 기업을 의미한다. 여기서 10억 달러는 한화로 약 1조 1800억 원 정도다.

유니콘의 유래

2013년, 카우보이 벤처스(Cowboy Ventures)의 창업자 에일린 리(Aileen Lee)가 미국 IT 전문 매체 〈테크 크런치(Tech Crunch)〉에 쓴 기고글에서 처음 등장(정확히는 유니콘 클럽)했다. 기고글 내 유니콘 클럽 기업 기준은, 미국 기반의 소프트웨어 회사, 2003년 또는 그 이후에 시작된 회사, 10억 달러 이상의 기업가치를 퍼블릭 또는 프라이빗하게 인정받은 곳이다. 지금은 해당 기준이 모호해지고 기업가치 10억 달러 이상의 비상장 기업이라는 주요 키워드만 남아있다.

친절한 뽀식 ^{pick} 더 알아두면 좋은 정보!

유니콘이 태어나기 전에는?

중소벤처기업부에서는 유니콘 기업 전 단계를 아기유니콘과 예비유니콘으로 구별하고 있다.

- **아기유니콘** 기업가치 1천억 원 미만의 스타트업
- **예비유니콘** 기업가치 1천억 원 이상 1조 원 미만의 기업

유니콘 이후에는?

- **데카콘(Decacorn)** 기업가치가 10조 원(100억 달러) 이상인 기업
- **헥토콘(Hectorcorn)** 기업가치가 100조 원(1천억 달러) 이상인 기업
- **엑시콘(Exicorn)** M&A, 경영권 매각 등으로 투자금 회수에 성공한 기업(엑시트와 연계)

왜 다들 이 말을 붙이는 거죠?
주식회사

김뽀식은 정신없이 바쁘다.

TF로 참여했던 지원 사업의 서류를 내일까지 마무리해야 하기 때문이다.

기관과 함께 진행하다 보니 서류의 복잡도가 이루 말할 수가 없다.

이렇게 보고서를 쓰면 책을 내도 되겠다!(한숨)

마지막 결재를 위해서 팀장님에게 서류를 전달했다.

하지만 마지막 장을 넘기는 팀장님 표정이 심상치 않다.

팀장님　뽀식님, 여기엔 대표님 서명이 아니라 우린 주식회사니까

　　　　　법인 도장을 찍어야 합니다.

뽀식이　(우리 회사 짱은 대표님인데, 서명 하나면 원큐로 해결 아닌가요?)

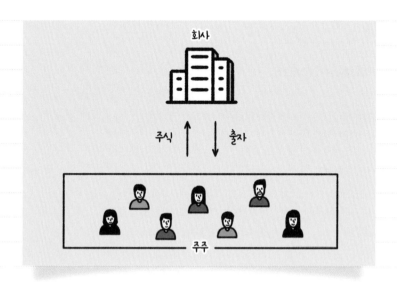

📖 주식회사

주식의 발행으로 설립된 회사로, 주주가 사업을 위해 투자한 자금으로 이루어지며 일정한 자본금을 권리, 의무의 단위인 주식으로 나눈 회사를 말한다. 이 주식은 자유롭게 사고팔 수 있다는 장점을 가지고 있다.

친절한 뽀식 ^{pick} 더 알아두면 좋은 정보!

주식회사의 장·단점

- **장점** - 대외적 신용도 상승 : 주식회사는 법률적인 절차를 통해 설립이 이루어지며, 누구나 법인등기부등본 발급이 가능하다. 따라서 회사의 사업내용을 알 수 있어 개인사업자에 비해 상대적으로 거래 안정성을 확보할 수 있다.

    - 자금 조달의 용이성 : 주식회사는 신주를 발행하여 주주를 모집하거나 회사채를 발행하여 외부에서 자금 조달을 할 수 있다. 출자자의 유한책임(개인사업)의 경우, 실적이 악화되는 경우 채권자가 개인사업자의 재산에 대해 회수가 가능하다. 하지만 주식회사는 각 출자한 금액 범위 내에서만 책임을 진다.

    - 세제 혜택 : 사업이 확장되어 소득이 증가하면 소득세율 구분에 따라 주식회사로 전환할 때 세금을 절감할 수 있다.

- **단점** - 복잡한 설립 절차 : 개인사업자는 사업자등록만 하면 사업 개시가 가능하나, 주식회사는 발기인과 이사, 감사 등이 필요해 복잡한 설립 등기 절차를 거쳐야 한다.

    - 복잡한 의사결정 절차 : 개인사업자는 사업주 혼자 의사결정이 가능하다. 하지만 주식회사는 대표이사라고 해도 사업에 관한 일은 혼자서 결정할 수 없으며, 경우에 따라 이사회 또는 주주총회를 거쳐 의사록을 작성해야 하는 등 업무 절차가 복잡해진다.

그럼 안(!) 보통주도 있나요?
보통주

보통의 날이었다.

붐비는 지하철을 타고 출근하고 직원들과 반갑게 인사한 뒤,

팀장님이 준 일들을 처리하고 맛있게 점심을 먹었다.

아주 보통 보통한 날을 보내고 있는 김뽀식과 동료들...

하지만 곧 이 평화는 흥분의 도가니가 되었다.

바로 투자사의 기존 주식 매각 소식!

팀장님   뽀식님, 이번에 회사가 투자 받으면서 초기 멤버들한테 나눠준

　　　　보통주를 매각한다네요!

뽀식이   (어쩐지 오늘따라 보통의 날이더라니만...)

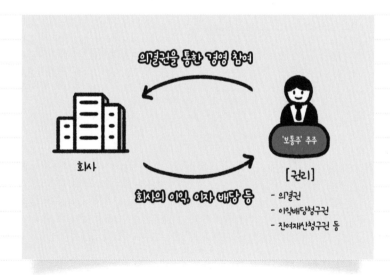

📖 보통주 Common Stock

회사의 이익이나 이자 배당 등에 관하여 표준이 되는 보통의 주식을 의미한다. 흔히 주식이라고 부르는 것은 대부분 보통주를 말하며, 최초 법인으로 회사가 발행하는 주식도 보통주다. 보통주를 보유한 주주는 회사에 대한 의결권(투표권), 이익배당청구권, 잔여재산청구권 등의 권리를 가질 수 있다.

───── 친절한 뽀식 *pick* 더 알아두면 좋은 정보! ·····················

보통주의 3가지 특성

- **의결권** 다른 주식에 의결권이 없는 경우 회사 경영에 대한 최대 지배권을 가진다. 보통주의 이익배당은 우선주에 비해 권한이 없지만 주주로서의 의결권을 가진다. 우선주는 의결권이 있을 수도 있지만, 없는 경우도 있기 때문이다.
- **이익배당청구권** 우선주가 배당을 받은 다음, 그 잔여이익에 대하여 배당에 참가할 수 있다.
- **잔여재산청구권** 회사가 해산할 때, 우선주에 대하여 잔여재산의 분배가 이루어진 다음에 분배에 참여한다. 즉 회사 손실에 대한 부담 순위는 보통주 주주가 제 1순위다.

우선 주는 우선주!
우선주

날이 너무 더워 축 늘어진다.

김뽀식은 아무것도 하기 싫다. 격렬하게 아무것도 하기 싫다.

시원한 커피 한 잔을 마시고 정신을 차리자. 아직 퇴근까지 4시간이나 남았다.

커피를 마시러 온 탕비실에는

이미 팀장님이 차가운 물을 벌컥벌컥 마시고 있었다.

팀장님　뽀식님, 옆 동네 대박컴퍼니 우선주 발행한다고 할 때 살 걸 그랬어요.

　　　　오늘 2일 연속 상한가라는데.

뽀식이　(설마 우선 준다고 우선주는 아니겠지?)

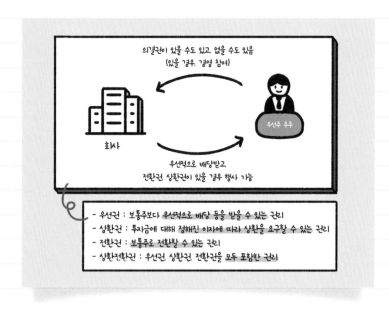

📖 우선주 Preferred Stock

회사에서 이익을 배당하거나 잔여재산분배를 할 때 다른 주주에 우선하여 소정의 배당 또는 분배를 받을 수 있는 주식이다. 여기서 '우선'의 의미는 보통주보다 더 많이 배당 받는다는 것이 아니라 보통주보다 앞서서 배당을 받는다는 의미다. 보통주는 의결권을 포함하지만 우선주는 의결권을 제외하고 발행이 가능하다(물론 의결권을 넣고도 발행할 수 있다).

───── pick ─────
친절한 뽀식 　더 알아두면 좋은 정보! ·····································

어떤 권리를 우선으로 주나?

우선주는 크게 우선권, 상환권, 전환권, 상환전환권(=전환상환권) 이렇게 4가지 권리로 구분할 수 있다. 각각 권리의 성격에 따라 주식의 종류는 우선주, 상환우선주, 전환우선주, 상환전환우선주로 나눌 수 있다.

· **우선권**　보통주보다 우선적으로 배당 등을 받을 수 있는 권리
· **상환권**　투자금에 대해 정해진 이자에 따라 상환을 요구할 수 있는 권리
· **전환권**　보통주로 전환할 수 있는 권리
· **상환전환권**　우선권, 상환권, 전환권을 모두 포함한 권리

3장

인사 및 법무

느낌이 온다! 이건 댄스다!
톱다운, 보텀업

최근 우리 회사 직원이 많이 늘었다.

인원이 증가한 만큼 조직 문화도 재정비에 들어간다고 한다.

아! 우리 회사 문화 좋지! 이런 데 또 있나!

다들 커뮤니케이션도 활발하고 의사결정도 빠르고!

이런 생각을 하는 나도 이 회사에 고여버린 것일까 고민하는 찰나,

어깨를 쓱~ 올리는 뽀식이 곁에 팀장님이 다가왔다.

팀장님 뽀식님, 저희 조직 문화에 대해서 어떻게 생각하세요? 톱다운 방식은
　　　　지양하려고 하는데, 보텀업 형태의 의사소통을 유지하려면 어떤 것들
　　　　을 도입하면 좋을까요?

뽀식이 (렛츠 댄스 스텝 업이 필요한데요?)

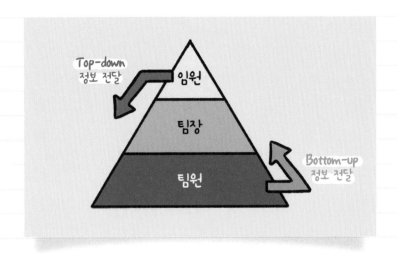

📖 톱다운 Top-down

....

윗사람이 큰 틀을 잡아 결정하면 실무진이 이를 이행하는 하향식 의사결정 방식이다.

📖 보텀업 Bottom-up

....

실무진이 낸 의견을 토대로 윗사람이 결정하는 방식으로, 이 용어는 의사결정뿐만 아니라 다양한 분야에서 사용하고 있다.

주로 투자 분석에서 많이 사용되며 톱다운은 세계 경제 상황 같은 거시 경제를 분석해서 유망 업종, 개별 기업 순으로 보는 방식이다. 반대로 보텀업은 개별 기업에서부터 분석을 시작하는 방식을 말한다.

(친절한 뽀식 ^{pick} 더 알아두면 좋은 정보!) ....

수직적 조직 문화 vs 수평적 조직 문화

톱다운과 보텀업을 검색하다 보면, 수직적 조직 문화와 수평적 조직 문화가 같이 비교된다. 수직적 조직 문화란 전통적으로 많이 사용된 방식으로 계층이 나누어져 있는 문화를 말한다. 상관과 부하라는 관계가 정해져 있고, 상관이 명령을 내리면 부하가 수행하는 방식으로 이루어진다. 즉 톱다운 방식의 의사결정 방법이 도입된 형태라고 할 수 있다.

그에 반해 보텀업 방식인 수평적 조직 문화는 계층이 나누어져 있지 않으며, 평등하고 동등한 관계로 일을 수행하는 방식을 말한다. 최근 많은 기업들이 이 문화를 지향하며 회사의 상황에 맞게 적절한 형태로 도입하고 있다.

맨먼스? 맘모스 같은 건가요?

맨먼스

자랑스러운 우리 회사의 얼굴(두둥!)

회사 공식 홈페이지를 리뉴얼 해야 하는 시점이 왔다.

입사할 때부터 홈페이지를 보며 꿈을 키웠던 나 뽀식이기에

홈페이지 업무에 참여할 수 있는 것 자체로도 너무 설렌다!

팀장님   뽀식님, 우리 유지보수 업체에 연락해서 맨먼스 산정 후 견적서 보내달라고 하세요.

뽀식이   맨먼스요...?(동공지진) 제가 맘모스 빵은 좋아하는데... 츄릅

📖 맨먼스 MM, Man / Month

홈페이지, 모바일 앱 등을 비롯한 소프트웨어 개발 또는 IT 컨설팅 프로젝트 진행 시 계약 범위 및 금액 책정을 위해 사용하는 단위를 일컫는다.

개발자 한 사람이 한 달 동안 진행할 수 있는 업무량을 계산한 식을 의미하며, 프로젝트의 규모를 정량화하기 위해 생겨난 것으로, 업무 퀄리티 등을 측정하기 어렵다는 단점이 있으나 비용 산출, 프로젝트 기간 등의 파악을 위해 주로 사용된다.

친절한 뽀식 ᵖⁱᶜᵏ 더 알아두면 좋은 정보!

맨먼스를 정하는 방식은?

신규 프로젝트를 시작하게 될 경우 프로젝트 매니저(PM, Project Manager)가 가장 처음 하게 되는 일이 맨먼스 산정이다. 전체 프로젝트의 범위와 일정을 기반으로 기존 진행 사례, 업무의 난이도 등 프로젝트의 특성에 따라 맨먼스를 산정한다.

보통 '임금×참여율×참여 기간'을 이용해 산정하는 편이며, 맨먼스 외에도 시간 단위별로 프로젝트의 업무량을 나타내기 위해 맨위크(MW, Man/Week), 맨데이(MD, Man/Day), 맨아워(MH, Man/Hour) 등을 사용하기도 한다. 시간 평균 임금은 하루 8시간, 일 평균 임금은 월 20.9일을 기준으로 산정한다. 최근 주 52시간제가 도입되면서 맨아워를 활용하는 곳들도 늘어나는 추세다.

다만, 맨먼스를 기반으로 프로젝트 비용을 산정하게 될 경우 운영 시 돌발적으로 발생하는 상황이나 추가 개발 사항 등이 제대로 반영되기 어렵다. 이 때문에 프로젝트의 난이도나 업무 퀄리티에 따라 비용 기준을 다르게 측정해야 한다는 목소리가 높아지고 있지만, 맨먼스를 대체할 수 있는 별도의 기준 제시가 어려운 것이 현실이다.

맨먼스 기반의 프로젝트 비용 산정 시 비용이 너무 많아지거나 적어지지 않도록 한국소프트웨어산업협회에서는 매년 소프트웨어 기술자의 평균 임금 기준을 제시하고 있다.

알과 알? 오늘 점심 계란찜?
R&R

아침부터 이리 뛰고 저리 뛰고 정신이 하나도 없는 김뽀식.

어제 박 대리님이 맡기고 간 데이터를 오늘 점심까지 정리해야 한다!

조건 설정이 잘못된 것 같아 혼자 머리를 싸매고 있는 그때

김뽀식의 뒷덜미에 서늘하게 다가온 기척...

팀장님 뽀식님? 이걸 왜 박 대리님이 아니라 뽀식님이 하고 있죠?

뽀식이 (사고 정지)

팀장님 R&R 정리가 필요하겠네요. 2시에 회의 잡아주세요.

뽀식이 (우리 사무실에 알이 있었나...?)

📖 R&R Role & Responsibilities

현재 맡고 있는 직책(직위)에 맞는 역할과 그에 따른 책임 관계 정립을 의미한다. 어느 범위까지 일을 해야 하고 그 책임이 어느 정도인지를 명확히 하는 것이다.

R&R의 기대 효과

- 체계적인 업무 수행을 통한 전략적 조직 관리가 가능하다.
- 조직원의 책임감과 동기 부여를 강화할 수 있다.
- 채용이 필요한 자리가 명확해진다.
- 협업 시 역할의 경계가 모호하여 생기는 마찰을 피할 수 있다.

친절한 뽀식 pick 더 알아두면 좋은 정보!

역할 문제에는 어떤 것들이 있나?

- **모호성(Ambiguity) : 구성원의 역할이 명확하게 규정되어 있지 않은 경우**
  둥근해컴퍼니의 마케팅 팀 5명은 모두 동일한 역할을 받다 보니 외부 업체와의 커뮤니케이션과 업무 히스토리가 관리되지 않아 같은 일을 해도 시간이 더 많이 소요된다.

- **갈등(Conflict) : 역할이 중복되거나 목표를 서로 다르게 이해한 경우**
  ⑩ 세모달리서치의 김 대리는 전일 수집 데이터 보고 준비를 끝냈다. 그런데 보고를 하러 가보니 같은 내용으로 이미 최 과장이 결재를 받고 있었다.

- **과중(Overload) : 한 사람에게 너무 많은 업무가 부여된 경우**
  ⑩ 펜타곤랩의 김 선임은 서비스 기획부터 개발, QA까지 혼자 도맡아 항상 최대 근로 시간을 넘기고 있지만 같은 팀의 박 책임은 매번 자리에 없다.

RACI 차트란?

RACI 차트는 업무 프로세스상 누가, 어떤 일을 하는지 시각적으로 정리한 표를 말한다. 꼭 RACI 차트가 아니더라도 전결 규정이나 업무분장표로 업무 체계를 담는 데 사용된다.

- **Responsible**   실제로 업무를 하는 실무 담당자
- **Accountable**   업무에 대한 책임을 지는 의사결정권자
- **Consulted**   업무 수행 시에 상의가 필요한 조언자
- **Informed**   업무 결과를 공유해야 하는 통보대상자

드라이는 DRY 아닌가요?
DRI

뽀식이네 회사는 수평적인 조직 문화를 지향한다.
전 직원이 모여 회의를 하는 날이 종종 있는데, 그게 바로 오늘이다!
의견이 있다면 누구나 자유롭게 이야기할 수 있는 자리였지만,
아직 낯선 사람이 많은 신입사원 뽀식은 긴장이 되었다.

팀장님　이번 아이템의 DRI는 누구죠?

뽀식이　(아직 날씨가 humid합니다만...)

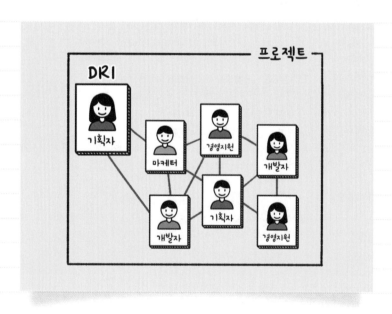

📘 DRI Directly Responsible Individual

....

업무에 대한 직접적인 책임을 가진 사람을 의미하는 말이다. 애플, 트위터 등의 기업에서 사용하고 있는 제도로 프로젝트의 액션 리스트에 DRI를 지정해 책임과 보상을 부여한다.

친절한 뽀식 ^{pick} 더 알아두면 좋은 정보! ....

스티브 잡스의 핵심 정신, 책임감

애덤 라신스키(Adam Lashinsky)가 쓴 책《인사이드 애플: 비밀 제국 애플 내부를 파헤치다》를 살펴보면 DRI가 무엇인지 조금 더 쉽게 이해할 수 있다. 애플에서는 일을 진행하기 전, 각각의 프로젝트 아이템에 대해 반드시 DRI를 정한다. 회사 혹은 팀 구성원 모두가 각자 어떤 일을 담당하고 있고, 어떻게 진행하고 있는지 서로 공유함으로써, 자율과 책임이 공존하는 애플 사내 문화를 만들어갈 수 있었다고 한다.

B랑 A도 있나요?
C-레벨

기나긴 경영진 보고가 끝나고 돌아온 팀장님.

한숨을 푹 쉬더니 의자에 털썩 주저 앉는다.

아무 말도 하지 못한 채 침묵하고 있는 뽀식이와 팀원들의 귀에

팀장님의 힘 빠진 혼잣말이 들려온다.

팀장님 그로스 해킹 전략을 짜면 뭐해... 컨펌을 안 해주는데....

뽀식이 (눈빛에 위로를 담뿍 담아보는 중)

팀장님 아.... 지금만큼은 C-레벨이고 싶네요.

뽀식이 (C-레벨? 혹시 게임 말씀하시는 건가??)

📖 C-레벨 Chief-Level

기업의 부문별 책임자(=경영진)를 의미한다. 기업의 경영 전략 및 고민을 가장 잘 보여주는 이정표이며 기업 상황에 따라 만들 수 있다.

C-레벨의 종류

- 최고 경영자(CEO, Chief Executive Officer)
- 최고 운영 책임자(COO, Chief Operating Officer)
- 최고 재무 책임자(CFO, Chief Financial Officer)
- 최고 기술 책임자(CTO, Chief Technology Officer)
- 최고 마케팅 책임자(CMO, Chief Marketing Officer)

각 회사의 분야와 조직 구성에 따라 C-레벨은 다양하게 만들 수 있다. 책임자라는 중요한 포인트만 기억하면 된다.

사장님도 안 될 때가 있습니다
프로즌 미들

또!! 또!!!! 또!!!!!!!! 또 드롭됐다!!!!!!!!!!!!!!

도대체 신사업 팀은 일만 벌리고 진행이 안 된다.

수습은 다시 우리 팀이 해야겠지. 흑흑

아이디어는 진짜 좋은데 타이밍을 놓쳐 결국 중단된 게 벌써 몇 번째인지.

답답한 마음에 뽀식이 깊은 한숨을 내쉬자 옆에 있던 팀장님이 말했다.

팀장님   와... 이번엔 진짜 저도 멘탈관리가 안 되네요. 저 팀의 팀장님은 전형
　　　　적인 프로즌 미들인데, 어떻게 신사업 팀을 맡게 됐는지...

뽀식이   (내 마음도 꽁꽁 얼었다, 녀석들아!)

📖 프로즌 미들 Frozen Middle

변화를 꺼리고 전환하려는 시도를 지연시키거나 차단하는 중간 관리자를 의미한다.

친절한 뽀식 ^{pick} 더 알아두면 좋은 정보!

프로즌 미들을 해결하는 방법

세계적인 컨설팅 회사 맥킨지는 혁신의 범주를 3가지로 나누며 프로즌 미들을 해결하는 방법을 제시했다.

- **1범주** 기존에 쓰던 생산관리 툴을 활용해 핵심 비즈니스 모델에서 과정, 절차, 비용 등을 개선하는 혁신을 추구하는 것
- **2범주** 새로운 채널 혹은 고객을 발굴, 기존 고객에게 신제품 판매 등 기존 비즈니스 모델에서 새로운 기회를 찾는데 집중하는 것. 현 비즈니스 모델 안에서 적정 수준의 리스크하에 실험을 반복하는 것
- **3범주** 기업가가 새롭고 파괴적인 비즈니스 모델을 찾는 것

프로즌 미들을 해결하기 위해서는 1, 2범주에 있는 그룹이 있다면, 그 안의 사람들을 위한 별도의 규칙을 만든다. 3범주에 해당하는 그룹이라면, 물리적으로 아예 실행 그룹과 분리해 별도의 건물, 그들 업무에 최적화된 공간에서 그들만의 계획과 절차, 정책으로 운영한다.

O! Jeongmal! T... 뭐지...?

OJT

길고 긴 공채 기간이 끝나고 우리 팀에 신입사원이 들어온다.

김뽀식은 멘토-멘티로 신입사원의 기본 교육을 진행하게 되었다.

새로운 동료라니! 신입사원이라니! 아악!! 뉴비다 뉴비!!

둥가둥가, 입안에서 와랄랄라라 해줘야지!

이상하게 웃고 있던 내게 팀장님이 말했다.

팀장님 뽀식님, OJT 준비는 어떻게 되고 있나요?

뽀식이 (O...오 J ㅓ런...)

일을 하면서 이루어지는 직무 교육 방식으로, 업무의 중단 없이 일을 통해 업무 수행 능력을 향상시킬 수 있어 시간 낭비가 적고 친밀감 형성에 유리하다.

대표적인 OJT의 2가지 방법

• 상사나 선배가 일대일로 후배를 교육
• 전체가 논의하며 집단적으로 교육

─────── pick ───────
친절한 뽀식 더 알아두면 좋은 정보!

OFF JT와의 차이

OJT와 달리 OFF JT(OFF the Job Training)는 현장을 떠나 외부에서 교육하는 방식이다. 연수원이나 외부 교육기관에서 교육을 진행하기 때문에 전문지식, 교양, 정신교육 등을 전문가를 통해 학습하게 된다. OFF JT는 업무 현장으로부터 자유로운 상태에서 전문적이고 체계적인 교육을 받을 수 있지만, 교육 내용을 현장에서 바로 적용해볼 수 없다는 단점이 있다.

JD 좀 보내주세요. 운동화 살 건 아니구요!
JD

다사다난했던 올해도 끝나가고…

내년 신입사원 채용 공고를 올리기 위한 회의가 열렸다.

우리 팀에서 어떤 역할을 하면 좋을까?

업무 역량은 어떤 것이 있으면 좋을까?

다양한 이야기가 오가며 채용 기준을 잡는데,

회의록을 작성하던 김뽀식에게 팀장님이 말했다.

팀장님　뽀식님, 지금까지 나온 내용 기반으로 JD 정리해주시겠어요?

뽀식이　(뽀식이…Jan Da…)

📖 JD Job Description

직무 분석표를 뜻하며, 직무에 대한 상세한 내용을 기술한 분석표로 채용 단계에서 많이 활용되고 있다. 업무를 수행하기 위한 능력 및 기술에 대해 각 직급 레벨로 구분하는 것이 일반적이며, 기업에서는 새로운 동료를 뽑기 위한 문서이고, 구직자 입장에서는 어떤 직무인지 파악하는 문서를 의미한다.

친절한 뽀식 *pick* 더 알아두면 좋은 정보! ....

이직 준비할 때 JD 200% 활용하기!

취업을 준비하는 사람이나 구직자는 가고 싶은 포지션, 직군의 JD를 분석하면서 어떤 사람을 뽑고 취업을 위해 어떤 준비를 해야 하는지 엿볼 수 있다. 또한 헤드헌터를 통하거나 혹은 별도로 채용 제안이 들어왔을 때 "말씀하신 포지션 JD. 이메일로 공유 부탁드립니다"라고 하면 제대로 알고 지원할 수 있다.

연봉 다음으로 중요한 그것
연차

그 누구보다 바쁜 한 해를 보낸 뽀식이.

1년을 바짝 긴장하며 업무를 배우고 일을 하느라 쉼 없이 달려온 것 같다.

조금 지친 기색에 팀원들도 뽀식이를 걱정스러운 눈빛으로 보았다.

오늘도 기계적으로 일을 하고 있는데, 팀장님이 뽀식이의 어깨를 톡톡 두드렸다.

잠깐 바깥에 나가자고 하기에 따라 나가니 복도에서 살짝 웃으며 이야기한다.

팀장님   뽀식님은 리프레시가 필요할 것 같아요.

             연차 쓰고 생각을 정리해보는 건 어떠세요?

뽀식이   (연은… 차는 게 아니라 날리는 것 아닌가요?)

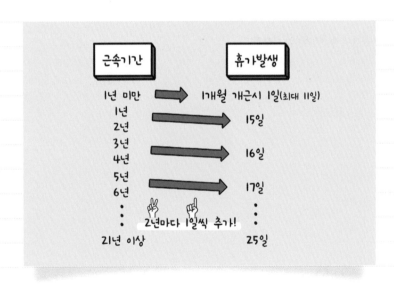

📖 연차 연차유급휴가

1년간 계속 근로한 근로자가 유급으로 휴가를 받는 것을 의미한다.

연차 수는 어떻게 계산하나?

- 1년 이상 근로자는 1년 80% 이상 출근 시 연 15일 이상 연차 발생
- 3년 차, 5년 차, 7년 차 등 3년 차 이후부터는 2년마다 연차 1일 추가 발생
- 신입사원이나 1년 80% 미만 출근자는 매월 만근 시마다 1일 연차 발생
  (연 최대 11일)

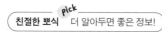

(친절한 뽀식 pick 더 알아두면 좋은 정보!) ···

신입사원 필독! 연차, 아끼면 똥된다?

1년 미만 근로자의 연차 휴가 소멸 시기 개정 전후 비교

개정 전	개정 후
연차발생일로부터 1년간 미사용 시 소멸 ⑩ 20년 1월 1일 입사자 20년 1월 개근 시 　- 20년 2월 1일 연차 1일 발생 　- 다음해 1월 31일까지 사용 가능 ※발생한 다음해 매월 순차적으로 소멸	입사일로부터 1년간 미사용 시 소멸 ⑩ 21년 1월 1일 입사자가 21년 1월 개근시 　- 21년 2월 1일 연차 1일 발생 　- 당해 12월 31일까지 사용 가능 ※입사일로부터 1년 후 한꺼번에 소멸

2020년 3월 근로기준법이 개정되었다. 1년 미만 근로자는 입사일로부터 1년간 연차를 사용하지 않으면 연차가 소멸된다. 개정 전에는 1년을 만근하고 2년 차가 되었을 때 최대 26개의 연차를 몰아서 쓸 수 있었다. 하지만 지금은 재직한 지 만 1년이 안 된 기간 동안 생긴 연차(최대 11일)는 2년 차로 넘어가기 전에 모두 사용하고, 2년 차에는 최초 1년 동안 근무하여 발생된 연차(최대 15일)만 사용할 수 있다. 그러므로 1년 차 때 발생한 연차는 내가 일한 지 1년이 되기 전에 사용해야 한다.

레퍼런스를 지금요?
레퍼런스 체크

다사다난했던 올해도 훌쩍 흘러가버렸구나...

하지만 감상에 젖어 있을 시간은 없지!

내년 상반기 보고를 준비해야 하기 때문이다.

'나... 조금은 워커홀릭일지도...?'

캠페인에 참고할 만한 레퍼런스를 찾던 뽀식이의 전화가 울린다.

뽀식이   필요할 때만 전화하는 내 동기 부식아 잘 지냈니?

이부식   응! 너희 팀에서 인턴했던 분이 이번에 우리 팀에 입사 지원을 했더라고!

        면접은 끝났고 레퍼런스 체크 부탁하려고!

뽀식이   (레퍼런스 체크...? 나 레퍼 찾고 있던 거 어떻게 알았지...?)

📕 레퍼런스 체크 Reference Check

지원자의 직무 능력과 관련된 사항을 확인하기 위해 함께 일했던 사람들과의 인터뷰를 통해 후보자의 자질을 평가하는 과정이다.

친절한 뽀식 ^{pick} 더 알아두면 좋은 정보!

레퍼런스 체크가 필요한 이유

어느 정도 이상의 경력을 쌓게 되면 실제 업무를 진행하는 데 큰 문제가 없는 것이 일반적이지만, 경력만으로는 회사 또는 팀과 잘 맞는 사람인지 알 수 없다. 그래서 실무 능력 확인을 떠나 성격이나 태도, 평판, 가치관 등을 사전에 알아보기 위해 레퍼런스 체크를 진행한다.

레퍼런스 체크 진행 방법

레퍼런스 체크는 면접 이후 최종 입사 단계에서 진행된다. 회사 측에서 레퍼런스 체크에 대한 지원자의 동의를 구한 후 어떤 사람에게 레퍼런스 체크를 부탁할 것인지, 레퍼런스 체크 진행 일정 등에 대해 지원자와 회사가 충분한 사전 협의를 거친다. 레퍼런스 체크는 개인 정보와 관련된 민감한 사항이기 때문에 사전 동의 절차를 통해 함께 일할 기회가 많았던 상사나 동료에게 레퍼런스 체크를 진행하는 것이 올바른 방법이다.

온보딩이요? 비행기 타고 어디 가요?
온보딩

정신 없던 연말과 연초의 늪을 지나 마침내 돌아온 3월,

우리 회사가 드디어 채용을 시작한다. (눈물)

소중한 지원자의 서류들을 정리하는 김뽀식!

왠지 감회가 새롭고 지원자들이 귀엽게 느껴진다.

'아… 나에게도 이런 시절이 있었지…'(아련)

이력서를 순서대로 정리하던 중 팀장님이 경영회의를 마치고 돌아왔다.

팀장님   저희 온보딩 프로세스를 업데이트하려고 해요.

           뽀식님도 의견 주시면 좋을 것 같아요.

뽀식이   (인천공항에 가야 하는 건가? 라잇나우?)

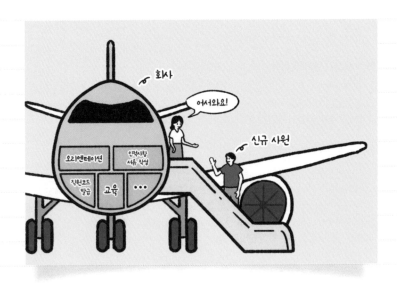

📕 온보딩 Onboarding

새로 입사한 사람들에게 회사의 문화를 익히고 빨리 적응해 안착할 수 있도록 도와주는 과정을 뜻한다. 인적사항 서류 작성, 오리엔테이션, 교육, 직원 코드와 카드 할당 등 회사에 입사하고 업무를 진행하기 위해 필요한 모든 준비 사항을 의미한다.

친절한 뽀식 pick 더 알아두면 좋은 정보!

1,000명 이상의 관리자가 알려주는 온보딩 노하우

- **멘토링** 신규 입사자와 직속 조직장(혹은 그 이상의 시니어)을 짝지어 멘토링을 진행한다.
- **일대일 주간 미팅** 입사 후 첫 1개월 동안 신규 입사자는 직속 조직장 혹은 멘토와 일대일 주간 미팅을 가진다. 첫 1개월이 지난 이후 주간 단위에서 2주에 한 번 혹은 한 달에 한 번 등으로 적당한 주기로 조정한다.
- **기본 사항 파악** 입사 후 필요한 과정을 자세히 설명하는 문서를 전달한다.
- **명확한 첫 번째 과제** 신규 입사자에게 첫 1개월 동안 주어질 업무 및 과제를 구상한다. 업무 및 과제는 회사에 대해 더 잘 알 수 있도록 도와줄 만한 프로젝트이면서 동시에 신규 입사자가 수행하는 과정에서 성취감을 느낄 수 있는 것으로 선정한다.

제 IP요? 61.77.94.XX입니다

IP

2021년, 때는 바야흐로 콜라보의 시대다.

밀가루는 패딩이 되었고, 구두약은 맥주가 되었다.

사실 콜라보의 시대가 열린 지는 꽤 되었지만 아직도 끝날 기미가 보이지 않는다.

그리하여 우리 뽀식이네 팀도 이 콜라보 코인에 탑승해보고자 하는데...

최 대리   팀장님, 금번 하반기 콜라보 이벤트 가능 기업 리스트업 중인데 현재까

         지 이런 곳들이 있습니다(프레젠테이션을 켠다).

팀장님   (화면을 빠르게 훑으며) 우리 이번에 1823 타깃이니까, 그 물풍선 던지는

         게임 IP 활용하는 것에 대해 다들 어떻게 생각하나요?

뽀식이   (IP address를 어떻게 활용하지? 마법인가...?)

지적창작물에 부여된 지적재산권을 말한다. 물풍선 던지기 게임을 예로 들면, 물풍선 던지기 게임 속 캐릭터, 맵, 카 디자인 등이 모두 IP이며, 이 IP들을 활용해 다양한 마케팅 활동을 할 수 있다. 게임뿐만 아니라 웹툰, 소설 등 다양한 문화 콘텐츠 시장에서 IP의 활용이 돋보이고 있다.

───── pick ─────
(친절한 뽀식   더 알아두면 좋은 정보!) ···

OSMU(One Source Multi Use)!

직역하면 하나의 자원(IP)을 여러 곳에서 사용하는 것을 일컫는다. 〈스파이더맨〉이라는 만화의 IP가 애니메이션, 영화, 게임을 비롯해 피규어와 같은 오프라인 굿즈에서도 널리 사용되는 것을 본 적 있을 것이다. 이렇게 다양한 방면에서 하나의 캐릭터, 세계관이 활용되는 것을 원소스 멀티유즈라고 부른다.

내용증명요? 증인은 안 되나요?
내용증명

회사에 타노스가 나타났다!

잔뜩 치켜올라간 턱과 분노에 질려 보랏빛이 된 얼굴...!

바이럴 마케팅 대행업체에서 인플루언서가 연락이 되지 않는다며

실제 이행하기로 했던 바이럴의 절반만 집행하고

그 사실을 결산일이 되어서야 알린 것!

'이제 계약금의 절반은 사라지나? 우리 팀은...? 나는...? 후...'

아쉽지 않게 열심히 살았다. 김뽀식...

대표님　계약서대로 안 한 것은 저쪽 회사잖습니까!! 당장 내용증명부터 보내요!!

뽀식이　(계약의 절반이 사라짐을 증명해야 하나...?)

📓 내용증명

개인 및 기업 간의 채권, 채무에 관련된 이행 사항 등의 득실변경에 관한 부분을 문서화하는 것이다. 발송인이 수취인에게 '본인의 요구사항 등이 적힌 내용의 문서를 발송하였다'는 사실을 발송인이 작성한 등본에 의하여 우체국에서 공적으로 증명할 수 있다.

친절한 뽀식 ^pick 더 알아두면 좋은 정보! ······································

법적 효력이 없는 내용증명을 발송하는 이유

내용증명의 발송 목적은 '증명성' 확보가 크다. 우선 발송함으로써 증거 보전의 효과를 볼 수 있고, 상대방(채무자 등)에게 어떠한 사실(계약 해지 등)을 정확하게 알릴 수도 있다. 또한 심리적 압박감을 주어 그 내용을 이행하도록 독촉하는 목적도 있다.

계약당사자 중 일방의 불이행으로 그 계약을 해지하고자 하는 경우나 무능력, 사기, 강박 등으로 인하여 그 계약을 취소하고자 하는 경우 등에서 통보의 수단이 되며, 필요한 증거 확보 차원에서도 내용증명을 적극 활용할 수 있다.

이밖에도 채권양도에 따른 채권양도통지의 경우 등에서도 내용증명서를 발송할 수 있는데 명확한 증거를 남기는 데 효과적이다.

통키로 주세요!!
턴키

두근두근! 이것은 내 심장소리인가? 옆 사람의 심장소리인가?

모든 팀원들이 팀장님의 모니터 앞에 모여 침을 꼴깍 꼴깍 삼켰다.

팀장님은 5분 전부터 10번의 새로고침을 눌렀다.

그리고 마지막 11번째 새로고침을 누르자 결과 발표가 나왔다!

팀장님　(벌떡 일어나며) 저희 선정됐어요! 이번 건은 턴키니 앞으로 화이팅합시다!

팀원들　우어아머어아이이!!

뽀식이　(우어엉어엉 터키 아이스크림?)

📘 턴키 Turn-key

수행사에게 프로젝트를 모두 일임하는 형태의 계약을 뜻한다. 턴키는 열쇠 (key)를 돌리면(turn) 작동할 수 있도록 만든 후 수행사가 발주사에게 그 열쇠를 주는 형태다.

친절한 뽀식 ᵖⁱᶜᵏ 더 알아두면 좋은 정보! ······································

턴키는 맨먼스와 뭐가 다를까?

턴키(Turn-key)

- **장점** - 발주사 : 결과물이 기준이 되므로 프로젝트 리스크가 상대적으로 적다.
  - 수행사 : 결과만 잘 나오면 되기 때문에 가격 적정성에 대한 발주사의 챌린지가 다소 약한 편이다.
- **단점** - 발주사 : 리스크 버퍼를 잡기 때문에 맨먼스보다는 다소 비싸다.
  - 수행사 : 맨먼스보다 비용이 높기 때문에 제안 시 가격 경쟁력을 갖기 어려울 수 있다.

맨먼스(Man/Month)

- **장점** - 발주사 : 인력 기준으로 사업비가 측정되어 관리가 편하다.
  - 수행사 : 투입 인력에 대한 인건비 정도(MM)에 따라 금액이 정해져 턴키에 비해 가격 경쟁력을 가질 수 있다.
- **단점** - 발주사 : 프로젝트 리스크(퀄리티)가 있을 수 있다.
  - 수행사 : 계약한 만큼 일을 다한 경우 인력이 철수해야 한다. 따라서 프로젝트 지연이 있다면 추가 비용을 부담해 연장계약을 해야 하는 리스크가 존재한다.

경력직 스카우트를 위한 보너스
사이닝 보너스

지각할까 부리나케 뛰어 엘리베이터로 몸을 날린 뽀식.

'후~ 안 늦었다...' 안도하며 숨을 고르고 있는 뽀식의 뒤에서

귀를 잡아끄는 소리가 들리는데...

직원 1 그 소식 들었어?

직원 2 아 이번에 렌틸콩 사에서 엄청 유명한 개발자 스카우트됐다는 거?

직원 1 너도 들었구나! 사이닝 보너스가 1억 원이래!

뽀식이 (사... 사이닝 보너스? 빛나는 보너스라더니 액수가 정말 반짝거리는구나...!)

📖 사이닝 보너스 Signing Bonus

기업이 경력직 전문 인력을 스카우트하기 위해 일회성의 인센티브 명목으로 지급하는 보너스를 말한다.

사이닝 보너스의 유래

사이닝 보너스는 미국 메이저리그에서 계약 시 연봉 이외의 이적료를 별도로 주는 것에서부터 시작했기에 프로 스포츠 선수들의 FA 계약이나 외국인 선수 계약 시 쉽게 찾아볼 수 있다. 얼마 전 메이저리그에 진출한 김하성 선수 역시 기본 보장 연봉뿐 아니라 사이닝 보너스 400만 달러를 지급 받고 샌디에이고로 이적했다. 최근에는 프로 스포츠뿐만 아니라 IT업계, 회계, 법무법인 등지에서 유능한 인재를 채용하기 위해 공격적으로 사이닝 보너스를 제공하고 있어 다양한 업계로 확대되고 있다.

사이닝 보너스의 성격

이직의 대가일까? 전속계약금일까? 사이닝 보너스는 계약을 체결하면서 "우리 회사와 계약해 줘서 고마워"와 같이 이직 그 자체의 대가적인 성격을 띠기도 하고 의무복무기간과 반환 약정이 동반되는 경우 전속계약금적인 성격이 되기도 한다. 사이닝 보너스의 성격이 무엇인지는 체결된 동기 및 경위, 당사자가 계약에 의하여 달성하려고 하는 목적과 진정한 의사, 계약서에 특정 기간 동안의 전속 근무를 조건으로 지급하는 것인지, 이직 시 반환한다는 문언이 기재되어 있는지, 거래의 관행 등을 종합적으로 고려해 판단해야 한다.

사이닝 보너스와 의무복무기간

프로 스포츠 선수뿐 아니라 근로자들에게도 사이닝 보너스가 활용되기 시작하면서 의무복무기간을 채우지 못할 경우 사이닝 보너스를 반환해야 하는 것인지, 그렇다면 근로기준법 제7조 강제근로위반이나 근로기준법 제20조 위약예정금지에 위반하는 것은 아닌지가 문제가 된다. 순수한 이적료의 성격만을 띤다면 의무복무기간을 채우지 않는다고 하더라도 사이닝 보너스를 반환할 의무는 없다. 다만, 전속계약금 성격의 사이닝 보너스 반환 약정은 법 위반의 소지가 있다. 하지만 이직금지 기간이 비교적 단기간이고 사이닝 보너스 그 자체나 근무일수에 비례해 일부 반환하는 경우에는 반환 약정의 유효성을 인정하기도 한다. 따라서 사이닝 보너스 지급 시 위약예정금지에 반하지는 않는지 꼭 검토해야 한다.

묻고 더블로 가
커미션

히터가 빵빵한 사무실.

졸음이 밀려오자 뽀식이는 사내 카페를 찾았다.

뭉친 어깨를 스트레칭하며 커피를 기다리는데,

영업 팀 한 팀장님과 김 주임님이 들어왔다.

웃음소리가 들려 슬쩍 귀동냥을 해보는데...

김 주임   이번에 우리 팀 실적이 엄청 좋지 않았어요? 이번 달은 커미션 좀 받

           을 수 있을 것 같아요!

한 팀장   그러게요. 에잇! 기분이다. 오늘 커피는 제가 쏠게요!

뽀식이   (그거... 저도 받을 순 없나요?)

외부
서비스 제공 등을
위탁하며
지급하는 수수료

내부
일종의 성과급
(=인센티브)

📖 커미션 Commission

커미션은 수수료와 인센티브를 의미한다. 주로 내·외부의 상황에 따라 다음과 같은 의미를 가진다.

- **외부와 계약 등을 통해 지급할 때** : 서비스 제공 등을 위탁하며 지급하는 수수료다.
- **내부에서 지급할 때** : 일종의 성과급(=인센티브)이다. 일반적으로 영업·판매 대행사나 사원에게 약속한 매출보다 더 높은 지표를 달성했을 때 지급한다.

친절한 뽀식 *pick* 더 알아두면 좋은 정보!

보너스와 커미션의 차이

보너스가 일정 기간의 성과를 평가해 주기적으로 지급하는 방식이라면, 커미션은 개인의 실적에 따라 금액이나 지급 시기가 결정된다는 점에서 차이가 있다.

우리 회사 상장하고 내 스톡옵션도 대박 나고

스톡옵션

평화로운 오후

따뜻한 햇볕과 시원하게 불어오는 바람 덕에

입꼬리를 슬슬 올리는 김뽀식.

웃고 있는 것은 뽀식만이 아니었다.

고개를 살짝 돌리니 팀장님이 약간 이상한 사람처럼 웃고 있었다.

뽀식이   팀장님! 무슨 좋은 일 있으세요?

팀장님   뽀식님, 회사 메일 아직 못 봤나 보네! 우리 회사가 전 직원 대상

　　　　스톡옵션 나눠준대요!

뽀식이   (스톱, 왓 옵션?)

📙 스톡옵션 Stock Option

스톡옵션(주식매수선택권)은 회사의 임직원이 일정 기간이 지난 후에 회사의 주식을 미리 정해둔 가격으로 살 수 있는 권리다. 주식을 살 수 있는 권리를 주는 것으로 주식 자체를 주는 것은 아니며, 보통 '스톡옵션을 부여한다'라고 표현한다. 나중에 스톡옵션을 부여받은 사람이 스톡옵션을 행사하면 행사자가 회사의 신주나 자기주식을 살 수 있다.

스톡옵션 부여 종류

어떤 방식으로 스톡옵션을 줄지는 회사가 정하며 다음과 같은 종류가 있다.

구분		내용
주식교부형	신주발행 교부형	대상자에게 미리 정한 행사가액의 납입을 받아 신주를 발행하는 방식
	자기주식 교부형	대상자에게 미리 정한 행사가액의 납입을 받아 자기주식을 교부하는 방식
차액정산형(=현금결제형)		대상자가 부여받은 주식매수선택권의 실질가액이 행사가액보다 높은 경우, 차액을 지급하거나 차액 상당의 자기주식을 양도하는 방식

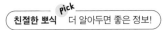
친절한 뽀식 ᵖⁱᶜᵏ 더 알아두면 좋은 정보! ·····························

스톡옵션 행사가격

스톡옵션 행사가격은 스톡옵션 계약서에서 부여한 금액에 따라 결정된다.

상장기업의 경우

신주발행 교부형	자기주식 교부형, 현금결제형
아래 가액 중 큰 금액 • 해당 주식의 실질가액 • 해당 주식의 액면가액	주식의 부여 당시 시가

벤처기업의 경우

신주발행 교부형	자기주식 교부형, 현금결제형
아래 가액 중 큰 금액 • 스톡옵션을 부여한 날을 기준으로 상속세 및 증여세법시행령 제53조를 준용하여 평가한 해당 주식의 시가 • 해당 주식의 액면가액	주식의 부여 당시 시가

행사가격을 시가보다 낮은 금액으로도 살 수 있나?

- 신주발행 방식으로 스톡옵션을 부여받아야 한다.
- 행사가격이 해당 주식의 권면액 이상이어야 한다.
- 부여 당시 시가보다 낮은 행사가격으로 부여받을 수 있는 스톡옵션에 대해, 다음 계산식에 따라 계산한 금액의 합계가 한 명당 5억 원 이하여야 한다.

(부여 당시 시가 − 행사가격) × 스톡옵션 행사 대상 주식 수

- 벤처기업의 경우 행사가격을 액면가액보다 낮게 설정하는 것이 무조건 유리하다. 단, 스톡옵션 행사이익이 모두 근로소득으로 과세되므로, 세금 측면에서 불리할 수 있음을 주의해야 한다.

스톡옵션 행사 가능 시점

스톡옵션 계약서에서 명시한 기간 이후에 행사 가능하다. 상법상 주주총회 결의일부터 2년 이상 재임 또는 재직하여야 행사 가능하다. 하지만 회사에 따라 계약서에 행사 가능 시점이 다를

수 있다. 따라서 스톡옵션 행사자는 스톡옵션 계약일로부터 최소 2년 이상은 재임 또는 재직해야 행사가 가능하다.

스톡옵션을 부여받은 경우 행사 절차는?

1. 선택권에 대한 행사 청구 및 행사가액 납입하기

- 회사에 청구서를 제출하고 행사가액의 전액을 납입한다(상법 제340조 5항).
- 행사가액과 주식 수만큼의 주식납입금을 지정된 회사 통장에 입금한다.
- 행사가 납입 완료와 동시에 스톡옵션의 효력이 발생한다.

2. 스톡옵션 행사에 따른 세금 납부하기

- 스톡옵션을 부여한 당시에는 주식 자체가 아니라 주식을 매입할 수 있는 권리를 받은 것이므로 별도의 세금이 발생하지 않는다.
- 스톡옵션을 행사하는 시점에는 근로소득세(퇴직자의 경우 기타소득), 매각하는 시점에는 양도소득세를 내야 한다.
- 단, 벤처기업의 경우 조세특례제한법에 따라 비과세특례, 납부특례, 과세특례 적용을 받는다.

벤처기업 조세특례	
비과세특례	스톡옵션 행사로 얻은 이익 중 연 3천만 원 이내 소득세 비과세
납부특례	소득세 5년간 분납 가능
과세특례	이후 주식을 양도할 때 양도소득세로 과세

GAIN? GANIN?
계인 & 간인

대리님과 온라인 애플리케이션 관련 외주 개발 프로젝트를 맡게 된 뽀식이.

함께 일하게 될 외주사가 선정되고, 드디어 오늘 계약을 하게 되었다.

김 대리 오늘 외주사랑 계약하는 날이죠?

뽀식이 넵!

김 대리 계약하기 전에 계약서에 잘못된 부분 없는지 한번 더 확인하고

　　　　간인하는 거 잊지 마세요!

뽀식이 (간인...? 인간...?)

📖 계인&간인

계약서를 작성할 때 분리되는 두 면이 모두 연결되어 있다는 것을 증명하기 위해 양쪽에 걸쳐서 찍는 도장 또는 서명을 뜻한다.

친절한 뽀식 ^{pick} 더 알아두면 좋은 정보! ....

계인과 간인 왜 하는 것이고 뭐가 다른가?

간인과 계인은 계약서가 위조되는 것을 방지하기 위한 장치로 법적 의무사항은 아니다. 하지만 계약서 조작이 어려워지므로 나중에 불미스러운 일을 방지하기 위해 챙기는 것이 좋다.

- **계인** 계약서를 여러 부 작성하는 경우, 각각의 문서가 하나의 계약임을 확인하기 위해 사용하는 것으로 계약서 첫 장을 나란히 두고 사이에 모든 계약 당사자의 도장을 찍는다. 계인을 할 경우, 특정 1부의 위조를 방지할 수 있다.

- **간인** 계약서가 여러 장으로 되어 있는 경우, 모든 페이지가 연결되어 있음을 확인하기 위해 사용하는 것으로 페이지를 절반 정도 접어 접히는 부분에 모든 계약 당사자의 도장을 찍는다. 간인을 할 경우에는 특정 페이지를 빼거나 끼워 넣는 행위를 방지할 수 있다. 부득이하게 계약서에 직접 수정을 해야 하는 경우에도 수정한 부분에 모든 계약 당사자의 도장 또는 서명을 받는 것이 좋다. 수정한 내용을 모두가 확인했다는 뜻이 되기 때문이다.

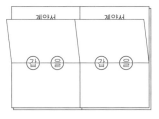

4장

재무 및 회계

직장인들의 희로애락이 담긴 그것
급여명세서

오늘 아침, 아니 어제, 그제부터 뽀식은 기대에 부풀어 있다.

이번 달부터 월급이 달라지기 때문이다.

지난달에 연봉협상을 하면서 연봉을 좀 올렸는데!

내 통장도 이제 조금은 넉넉해질 수 있을까?(행복 회로 풀가동)

통장 잔고를 향해 무한 새로고침을 하고 있었는데, 어라?

어라? 월급의 상태가...?

여전히 작고 귀여운 내 월급... 이게 오른 건가?(현실 부정)

김 대리 뽀식님... 우리.... 급여명세서 업데이트되었나요?

뽀식이 (이게 진짜일 리 없어...)

2021년 4월분 급여명세서

지급내역	지급액	공제내역	공제액
기본급	2,000,000	국민연금	85,500
상여		건강보험	58,140
식대	100,000	고용보험	12,350
자가운전		장기요양보험료	3,800
육아수당		소득세	17,180
출산급여		지방소득세	1,950
연차수당		연말정산소득세	
전월미지급		연말정산지방소득세	
		공제액계	178,920
지급액계	2,100,000	차인지급액	1,961,080

📕 급여명세서

급여에 대한 지급과 공제내역을 기재한 문서를 말한다. 급여명세서는 일반적으로 기본급, 출장비 및 식대, 지급액, 국민연금, 건강보험, 장기요양보험, 고용보험, 소득세, 지방소득세, 차인(차감)지급액, 실지급액과 같은 항목들로 구성되어 있다.

──── 친절한 뽀식 ᵖⁱᶜᵏ 더 알아두면 좋은 정보! ·······································

급여명세서 읽는 법

우선 기본급은 연봉 계약서상의 월급여액을 의미한다. 쉽게 생각하면 '기본급 = 월급'이라고 생각하면 된다.

· **플러스(+)가 되는 항목**
  - 복리후생비 : 식대, 유류비 등 회사가 직원을 위해 지출하는 복리후생적 비용
  - 상여금 : 임금 외에 별도로 받는 급여 항목으로 흔히 말하는 보너스의 개념
  - 특별상여금 : 주로 연말이나 분기별로 지급되는 인센티브 개념의 금액
  - 연장근무수당 : 야근 및 휴일 출근 등에 대한 근무수당

· **마이너스(-)가 되는 항목**
  - 4대보험료 : 국민연금, 건강보험, 고용보험(4대보험에 포함되는 산재보험은 회사만 부담하므로, 급여명세서에는 기재되지 않는다.)
  - 소득세 : 소득에 따른 세금으로 급여소득, 상여금, 부양가족수에 따라 등급이 달라진다.
  - 주민세 : 소득세의 10%에 해당하는 금액을 각 지방자치단체에 납부하는 세금이다.

내 실수령액이 연봉의 12분의 1이 아닌 이유
원천징수

한동안 이사 준비로 팀장님의 스트레스 지수가 매우 높아 보였다.

하지만 새로운 보금자리에 대한 계약을 잘 마쳤는지, 오늘은 기분이 좋아 보였다.

뽀식이   팀장님! 이번에 전셋집 계약이 잘 됐나 보네요!

팀장님   네, 너무 좋네요. 이제 대출서류도 회사에서 받을 근로소득 원천징수 영

              수증만 받아 제출하면 끝이에요.

뽀식이   (방금 한국말 하신 것 맞죠?)

📖 원천징수

소득 또는 수익금액을 지급하는 자가 그 지급을 받는 자가 부담해야 할 세액을 국가 대신 징수하는 방식을 일컫는다. 회사에서는 일반적으로 근로자에게 급여를 지급할 때, 이 소득에 대한 원천세*를 국가를 대신해 수금하고 납부한다.

※ 모든 원천징수대상 소득(근로소득, 사업소득, 기타소득, 퇴직소득)에 대해 부과되는 소득세와 지방소득세를 의미한다.

친절한 뽀식 ^{pick} 더 알아두면 좋은 정보!

소득세와 지방소득세의 차이

소득세는 국가에 납부해야 하는 세금이고, 지방소득세(지방세)는 지방자치단체에 납부해야 하는 세금이다. 참고로 근로자의 지방소득세율은 소득세의 10%다.

Q 프리랜서인데 내가 받을 금액에서 왜 3.3%가 빠진 채로 입금되는가?

A 여기서 3%는 소득세, 0.3%는 지방소득세를 말한다. 따라서 회사는 프리랜서에게 총세율인 3.3%를 원천징수하고 지급하는 것이다.

소득세 구분

· **근로소득세** 근로소득자(일반근로자, 일용근로자)에게 급여 지급 시 공제한 소득세
· **사업소득세** 사업소득자에게 급여 지급 시 공제한 소득세
· **기타소득세** 기타소득자에게 급여 지급 시 공제한 소득세
· **퇴직소득세** 퇴직금 지급 시 공제한 소득세
· **지방소득세** 납세의무가 있는 개인과 법인이 소득에 따라 내야 하는 지방세

네가 뭔데 작고 귀여운 내 월급을...

4대보험

김뽀식은 급여명세서를 보다 깜짝 놀라고 말았다.

정확히 말하면 평소 자세히 보지 않았던 급여명세서를 보다가

가입한 적도 없는 보험들이 잔뜩 있는 것을 발견했다.

아, 엄마가 보험 함부로 들지 말라고 했는데...

뽀식이   (언제 보험을 내가? 이런 게 보험 사기인가?)

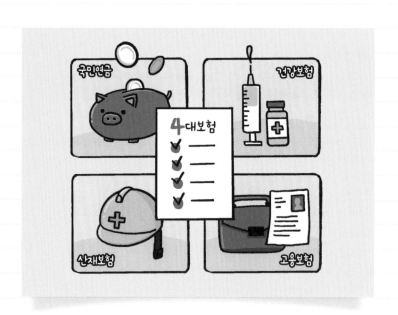

📖 4대보험

근로자의 권익 보호를 위한 국가제도로 정부가 관리하는 의무 가입 보험을 말한다. 건강보험, 고용보험, 산재보험, 그리고 국민연금이 여기에 해당하며 근로자가 한 명만 있어도 반드시 가입해야 한다. 단, 주 15시간 미만 근로자는 가입이 제외된다.

───── 친절한 뽀식 *pick* 더 알아두면 좋은 정보! ·····························

4대보험의 종류

- **국민연금** 소득 활동이 중단될 수 있는 노후를 대비하기 위한 보험으로 근로자와 사업주가 각각 절반씩 부담한다.
- **고용보험** 근로자가 실직 또는 휴직으로 수입이 없을 때를 대비하는 것으로 실업급여나 고용안정의 목적으로 만든 사회보장보험제도이다. 6개월 이상 가입되어 있어야 혜택을 받을 수 있으며, 실업급여 목적의 경우 근로자와 사업주가 똑같이 부담하지만 고용안정 목적의 경우는 사업주만 부담한다.
- **건강보험** 병원 진료비가 부담되지 않도록 지원하는 사회보장보험으로 근로자와 사업자가 각각 절반씩 부담한다.
- **산재보험** 근로자가 일을 하다가 질병이나 장애를 앓게 되거나, 부상을 입었을 때 치료비 및 사망보험금 등을 지원해주는 사회보장보험으로 산재보험의 보험료율은 업종에 따라 달라진다. 근로복지공단에 사업장성립신고서가 접수되면 관할 지사의 담당자가 사업장 실태를 확인하고 요율을 적용(보통 5일 정도 소요)한다.

13월의 보너스
연말정산

새해를 맞은 기념으로 김뽀식은 책상을 깨끗하게 정리했다.

정돈된 책상을 보니 기분이 좋았다.

일을 시작하려고 자리에 앉자, 회사에서 보낸 메일이 눈에 들어왔다.

메일 제목은 '2021년 연말정산 자료 제출 요청'

근처 자리에 있던 팀장님도 같은 메일을 받았는지 기지개를 켜며 말했다.

팀장님   벌써 연말정산 시즌이네. 이번엔 환급받을 수 있으려나?

뽀식이   (회사를 향한 저의 마음은 정산 불가입니다.)

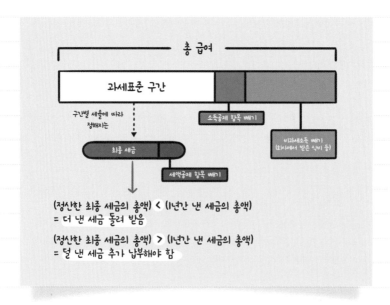

📖 연말정산

매월 월급에서 납부한 근로소득세에 대하여, 직전년도 한 해 동안 벌어들인 소득을 다시 계산해 정산(환급 또는 추가 징수)하는 것을 말한다.

연말정산을 실시하는 이유

매월 낸 근로소득세는 대충 계산된 것으로 볼 수 있다. 왜냐하면 당월 소득공제 항목 등을 일일이 확인하기 어렵기 때문이다. 따라서 연말에 한 번에 신고 받아 다시 계산해 정산하는 것이다.

친절한 뽀식 *pick* 더 알아두면 좋은 정보!

연말정산 계산법

- 총급여액 − 비과세소득 − 소득공제 = 과세표준
- 과세표준 × 세율 = 산출세액
- 산출세액 − 세액공제 = 결정세액
- 결정세액 − 기납부세액 = 추가납부세액 또는 환급세액

연말정산 확인과 자료 제출

국세청 홈텍스 연말정산간소화 서비스(www.hometax.go.kr)를 이용한다.

알뜰하게 절세하자!

과세표준

김뽀식은 복잡하다.

연말정산을 위해 국세청 홈텍스에 접속하니 온통 숫자만 보인다.

뭐가 뭔지 모르겠다.

대충 정산자료를 뽑아서 제출하려고 하는데,

팀장님이 내 손을 턱! 잡더니 말한다.

팀장님   뽀식님. 지금 자료를 제출하는 것은 아직 이릅니다. 소득공제,

         세액공제 항목들 제대로 확인하셨나요?

뽀식이   (공: 공기밥에, 제: 제육볶음 추가?)

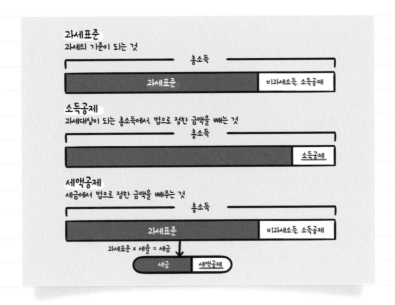

📕 과세표준

과세의 기준이 되는 것으로 과세표준 구간에 따라 세율이 다르다. 총소득과 다르며, 소득을 창출하기 위해 든 비용이라고 취급되는 비과세소득(일하는 데 필요한 교통비, 식비 등이 반영) 등은 빠진다.

소득공제

과세대상이 되는 총소득에서 법으로 정한 금액을 빼는 것으로, 소득공제 활용 → 과세대상의 소득 감소 → 과세표준 구간 변동 가능 → 세율이 줄어든다. 대표적인 항목으로는 인적공제, 카드공제, 국민연금, 건강보험료 공제 등이 있다.

세액공제

세금에서 법으로 정한 금액을 빼는 것으로, 세율과 관계없이 세금에서 제외된다. 대표적인 항목으로는 자녀세액공제, 월세세액공제, 보장성 보험 세액공제 등이 있다.

친절한 뽀식 *pick* 더 알아두면 좋은 정보!

과세표준 구간

과세표준	세율
1,200만 원 이하	6%
1,200만 원 초과~4,600만 원 이하	15%
4,600만 원 초과~8,800만 원 이하	24%
8,800만 원 초과~1.5억 원 이하	35%
1.5억 원 초과~3억 원 이하	38%
3억 원 초과~5억 원 이하	40%
5억 원 초과	42%

솔직히 잘 모르겠다 싶은 뽀식이 손!

퇴직연금

김뽀식은 슬프다.

산전수전을 함께해온 최 대리님이 퇴사하기 때문이다.

뽀식이   최 대리님, 가지마세요.

최 대리   우리 귀여운 뽀식님과 같이 더 일하지 못하는 건 아쉽지만 또 인연이

             닿겠죠!

뽀식이   퇴직하고 뭐 하실 거예요?

최 대리   당분간은 퇴직연금 받아 푹 쉬면서 재정비를 하려구요!

뽀식이   (아직 창창하신데 연금이요?)

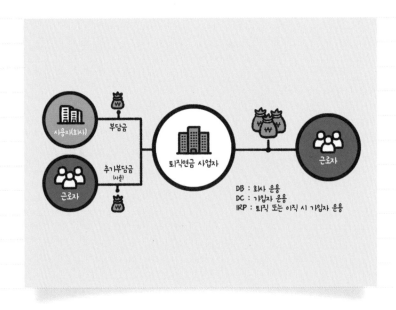

📖 퇴직연금

퇴직연금은 회사가 근로자에게 지급해야 할 퇴직급여 재원을 금융회사에 적립하고, 이 재원을 회사 또는 근로자가 운용하여 근로자 퇴직 시 연금 또는 일시금으로 지급하는 제도를 말한다. 기존 퇴직금 제도는 회사가 부도나면 근로자는 퇴직금을 받을 수 없었지만 퇴직연금제도를 통하면 회사가 부도가 나더라도 금융회사를 통해 그동안 적립해온 퇴직금을 안정적으로 받을 수 있다.

친절한 뽀식 *pick* 더 알아두면 좋은 정보! ....

퇴직연금의 3가지 유형

- **확정급여형(DB, Defined Benefit)** 회사가 운용과 투자 성과를 책임지는 제도로 수익 또는 손실에 대해 근로자가 신경 쓰지 않아도 된다.
  확정급여형 퇴직금 = (퇴직전 3개월)평균임금 × 근속연수

- **확정기여형(DC, Defined Contribution)** 회사가 부담금(매월 또는 매년 임금총액의 1/12에 해당하는 금액)을 금융기관에 납부하고 근로자가 상품에 투자하는 제도로, 근로자의 운영성과가 퇴직급여이기 때문에 상품 선택이 중요하다.
  확정기여형 퇴직금 = 매월 또는 매년 임금총액의 1/12 부담금 ± 운용수익

- **개인형퇴직연금(IRP, Individual Retirement Pension)** DB, DC와 상관없이 개인이 직접 가입하는 퇴직연금제도로 퇴직 후 연금을 운용 및 관리할 자산이 있거나 이직률이 높은 직종의 근로자에게 유리하다.

IRP의 2가지 유형

- **기업형 IRP** 상시 10명 미만의 근로자를 사용하는 사업자의 경우, 회사가 개별 근로자의 동의를 받거나 근로자의 요구에 따라 설정할 수 있는 IRP다.

- **개인형 IRP**
  - 퇴직 IRP : 이직을 하면서 이전 회사에서 지급하는 퇴직금을 받았거나, 이직을 하지 않았지만 일시금으로 퇴직금을 중간정산 받을 경우, 그 돈을 금융회사 IRP 계좌에 넣는 것이다.

  - 적립 IRP : 회사에서 납입하는 퇴직연금으로는 실질적 노후자금 마련이 어렵다고 생각될 경우, 근로자가 IRP 계좌를 만들어 회사에서 지급하는 퇴직연금 외에 추가로 개인의 노후자금을 적립하는 것이다.

회개 말고 회계하소서!
회계

대행사와 미팅을 하기 위해 외근을 다녀왔다.

미팅이 꽤 길어진 덕분에 미팅 장소 근처 맛집에서

점심식사까지 든든하게 챙겨먹었다.

혈중 탄수화물 농도에 만족하며 사무실 복귀!

잠깐 티타임을 하며 팀장님과 수다를 떨다가 핸드폰을 봤는데 이상하다?

점심을 법인카드가 아니라 내 개인카드로 긁었네?

내 작고 귀여운 잔고를 보니 왠지 서글퍼 울상을 짓고 있는데,

사정을 들은 팀장님이 말했다.

팀장님   뽀식님, 영수증 챙기셨어요? 회계 팀에 물어보는 건 어때요?

뽀식이   (회계 팀이 내 돈을 돌려주는 건가요?)

📖 회계 會計, Accounting

회사의 경영 상황을 여러 이해당사자들에게 수치로 표현해주는 것이다. 기업의 경영 활동을 기록, 추적하여 회사에 관한 재무적 정보를 측정하여 전달하는 과정을 의미한다. 말보다 숫자를 쓸 수 있게 만드는 과정이라고 생각하면 쉽다. 예를 들어 '돈 많이 벌었어요.' 대신에 '영업이익 100억 원'이라고 쓸 수 있도록 회계가 정리해준다고 할 수 있다.

─── **친절한 뽀식** *pick* 더 알아두면 좋은 정보! ·······················

회계 VS 재무

쉽게 정리하면 회계는 과거에서 현재까지의 돈의 흐름을 의미하며, 재무는 자금 확보 등 현재로부터 미래의 돈의 흐름이라고 할 수 있다.

회계 팀과 재무 팀의 업무 차이

- **회계 팀(세무 팀)** 결산, 세무조정, 각종 세무신고, 외부감사, 세무조사 등
  - 결산 및 회계감사 : 연월, 분기·반기 결산 및 감사
  - 세무신고 및 세무조사 : 법인세, 부가세, 원천세, 사업소세, 지방세 등
  - 회계자료 제출 : 통계청, 국세청, 금융감독원 등 각종 회계자료 제출

- **재무 팀(자금 팀)** 회사 자금 조달 및 운용
  - 금융기관 여신 : 신규자금 차입 및 연장, 기일별 이자 지급, 회사채, 어음만기 관리 등
  - 금융상품 운용 : 장단기 금융상품 가입 및 운용·해지 등
  - 일반 자금출납 : 예산통제 및 각종 경비 지급 등, 각종 예금통장 및 시재 관리
  - 예산정책 수립 : 연월차 예산 및 실적 분석, 예산삭감 또는 추경편성, 사업부별 실적 등

우리 이제 끝내자!
재무제표

꽤 큰 B2G 프로젝트의 제안서 작업에 참여한 뿌식이.

두근두근... 엔터를 치며 김뿌식은 환희를 느꼈다.

열다섯 번의 제안서 수정 끝에 드디어 최종 컨펌을 받았기 때문이다.

홀가분하게 기지개를 켜며 몸을 푸는데 팀장님이 다가왔다.

팀장님　제출 자료 중에 올해 상반기 재무제표가 없네요.

　　　　　뿌식님이 재무 팀에 요청해주시겠어요?

뿌식이　(재무 없으니까 노잼?)

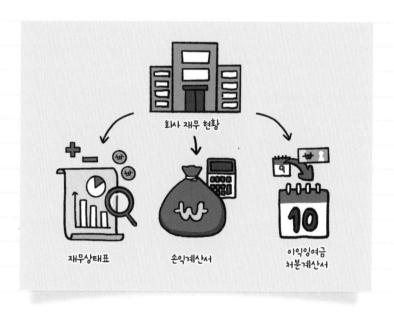

154

📖 재무제표

회계상 재무 현황을 기록하여 보고하기 위한 문서를 말한다. 기업이 얼마의 돈으로, 얼마를 벌고, 얼마를 썼는지를 볼 수 있다.

친절한 뽀식 ^{pick} 더 알아두면 좋은 정보!

상법상 재무제표 구성 요소

- **재무상태표(=대차대조표)** 일정 시점의 현재 기업이 보유하고 있는 자산, 부채, 자본에 대한 정보
- **손익계산서** 일정 기간 동안 기업 경영을 통해 발생되었던 수익과 비용에 대한 정보
- **이익잉여금 처분계산서(또는 결손금 처리 계산서)** 일정 시점 이후 이월된 이익 또는 손실 금액 처리에 대한 정보
- **자산** 자본＋부채, 기업이 소유한 유·무형의 모든 돈
- **자본** 순수 기업의 돈(투자 받은 돈인 자본금, 매출액－비용으로 산출된 이익잉여금 등)
- **부채** 기업이 빌린 돈(은행에서 빌린 차입금(=대출금) 등)
- **매출액** 기업이 영업활동 등을 통해 번 돈
- **매출원가** 생산원가, 구입원가 등 기업의 영업활동에서 영업수익을 올리는 데 필요한 돈
- **매출총이익** 매출액에서 매출원가를 뺀 돈
- **판관비(판매비 및 일반 관리비)** 급여, 임차료 등 기업의 판매와 관리, 유지를 위한 돈
- **영업이익** 매출총이익에서 판관비를 뺀 돈
- **영업외이익** 기업의 영업활동 외에 벌어들인 돈
- **영업외비용** 기업의 영업활동을 위해 쓴 돈이 아닌 그 외의 돈
- **법인세차감전 계속사업이익** 영업이익에서 영업외이익을 더하고 영업외비용을 뺀 돈
- **특별이익** 유형자산처분이익, 채무면제이익, 보험차익 등 영업활동과 별개로 일정하지 않게 번 돈
- **특별손실** 유형자산처분손실, 재해손실, 전기오류수정손실 등 영업활동과 별개로 일정하지 않게 쓴 돈
- **법인세비용** 법인기업의 소득에 대하여 부과하는 세금
- **당기순이익(또는 당기순손실)** 계속사업이익에서 특별손실, 법인세를 뺀 기업의 순이익(순손실)

자동차 사려고 하니 가장 많이 듣는 말
감가상각

스산하다. 창고에 쌓여 있는 먼지는 물론, 슬쩍 거미줄도 보이는 것 같은데?!
뽀식은 팀장님이 시킨 대로 우리 팀의 비품을 체크하는데, 뭐지?
갑자기 소음이 들려 화들짝 놀라 뒤를 돌아본 김뽀식.

뽀식이	으아아가악? 귀신이면 물러가라!!!!
회계 팀 막내	(무표정)뭐하세요, 뽀식님?
뽀식이	아... 하하하하... 예... 사람이었네요. 비품 체크하고 있었어요.
회계 팀 막내	저희 창고에 뭐가 많죠? 아직 감가상각이 끝나지 않은 것들이라.
뽀식이	(강가에 삼각이요? 버뮤다?)

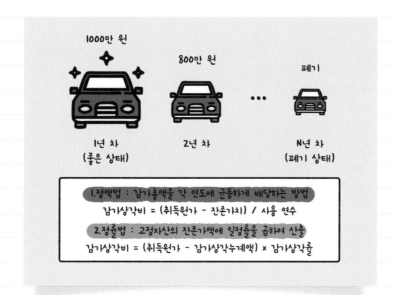

📖 감가상각 Depreciation

유·무형 고정자산의 자본가치를 일정한 유효기간 내에 회수하는 회계절차를 말한다. 감가상각의 목적은 고정자산 구입 원가를 비용화하는 방법을 통해 그 내용기간 후 해당 고정자산 재조달의 수단을 준비하는 데 있다. 참고로 토지는 감가상각의 대상이 되지 않는데, 시간의 경과에 따라 가치가 감소하는 자산이 아니기 때문이다.

친절한 뽀식 _pick_ 더 알아두면 좋은 정보!

감가상각의 2가지 방법

- **정액법** 감가총액을 각 연도에 균등하게 배당하는 방법으로 계산이 간편하다.
  감가상각비 = (취득원가 − 잔존가치) / 사용 연수
- **정률법** 고정자산의 잔존가액에 일정률을 곱하여 산출한다.
  감가상각비 = (취득원가 − 감가상각누계액) × 감가상각률

우리가 회삿돈 잘 쓰는 방법
전자세금계산서

월말이다.
옆자리의 김 대리님, 그 옆자리의 한 팀장님을 포함하여
여기저기에서 회사의 메신저 알림음이 울렸다.
재난 경보라도 울린 것일까?
고민하고 있던 찰나, 띠링! 메신저 알림이 울렸다.

✉ [새로운 메시지]

안녕하세요, 김뽀식님. 지난달에 쓴 마케팅 용역비 전자세금계산서가 들어오지
않았습니다. 10일까지 받아야 하는데 담당자 연락처 안내 부탁드립니다.

뽀식이   (뭔진 모르겠는데, 내가 뭘 잘못한 건 아니겠지?)

📓 전자세금계산서

사업자가 상품 등을 공급하고 전자로 발행한 일종의 영수증이다. 제공하는 상품 등이 과세품이라면 전자세금계산서를, 면세품이라면 전자계산서를 발행해야 한다.

─────── _pick_ ───────
친절한 뽀식 더 알아두면 좋은 정보! ⟩ ....

만약 회사의 돈으로 상품 등을 구매했다면 전자세금계산서, 현금영수증, 종이 영수증 등을 꼭 챙겨야 한다.

Q 고객이 카드로 결제해도 전자세금계산서를 발행해야 하는가?

A 아니다! 회사에서 법인 신용카드로 결제하면 세금계산서는 신용카드 매출전표로 대체된다. 따라서 카드 결제를 받고 계산서를 발행하면 회사의 매출이 두 번 잡히게 되는 것이다.

부아앙~

부가가치세

타다다다닥

뽀식이의 옆자리, 회계 팀의 키보드 치는 소리가 심상치 않다.

쉼 없이 울리는 전화까지

무슨 일이 있나 싶어 귀를 기울여보는 김뽀식.

회계 팀 (전화를 받으며) 차장님, 저희 종이로 발급받은 매입 영수증이 있어서요.

조금만 기다려주시면 메일로 전달드리겠습니다. 부가가치세 자료 아직

마감하지 말아주세요!

뽀식이 (저... 세금 더 내야 하는 건가요?)

📖 부가가치세

부가가치세란 상품 거래 및 서비스 제공을 통해 얻는 부가가치(이윤)에 대하여 과세하는 세금으로, 사업자가 납부하는 부가가치세는 매출세액에서 매입세액을 차감하여 계산한다. 부가가치세는 물건값에 포함되어 있기 때문에 실제로 최종 소비자가 부담하는 것으로, 최종 소비자가 부담한 부가가치세를 사업자가 세무서에 납부하는 것이다. 따라서 부가가치세 과세대상 사업자는 상품을 판매하거나 서비스를 제공할 때 거래금액에 일정 금액의 부가가치세를 징수하여 납부해야 한다.

친절한 뽀식 ᵖⁱᶜᵏ 더 알아두면 좋은 정보! ·······················

과세기간 및 신고·납부 알아보기!(2021년 기준)

과세기간 및 신고·납부

과세기간	과세대상기간		신고납부기간	신고대상자
제1기 1.1~6.30	예정신고	1.1~3.31	4.1~4.25	법인사업자
	확정신고	1.1~6.30	7.1~7.25	법인·개인일반 사업자
제2기 7.1~12.31	예정신고	7.1~9.30	10.1~10.25	법인사업자
	확정신고	7.1~12.31	다음해 1.1~1.25	법인·개인일반 사업자
1.1~12.31			다음해 1.1~1.25	개인 간이사업자

부가가치세는 6개월을 과세기간으로 하여 신고·납부하게 되며, 각 과세기간을 다시 3개월로 나누어 중간에 예정신고기간을 둔다. 일반적인 경우 법인사업자는 1년에 4회, 개인사업자는 2회 신고한다. 개인사업자(일반과세자) 중 사업부진자, 조기 환급발생자는 예정신고와 예정 고지세액납부 중 하나를 선택하여 신고 또는 납부할 수 있다.

내 꿈은 현금 부자

현금영수증

계절이 바뀌는 분기의 끝.

따뜻한 공기를 마시며 기분 좋게 웃고 있는 뿌식은 문득 서늘함을 느꼈다.

눈가는 퀭하고 하얗게 튼 입술 사이로 커피를 들이키고 있는

회계 팀의 최 대리님이 보였다.

뿌식이 (옆자리에 앉으며) 최 대리님, 많이 바쁘시죠?

최 대리 저희 서비스에 기록된 거래금액과 매출신고된 금액이 다르더라고요.

내역을 보니까 직영점에서 현금영수증을 발행하지 않은 것 같아서요.

흑흑... 전화만 몇 통을 드리는 건지...

뿌식이 (영수증은 모르지만, 현금 부자는 되고 싶습니다.)

📓 현금영수증

현금 결제에 대하여 국세청과 연계된 시스템을 통해 발행해주는 영수증이다. 특히 현금영수증 의무 발행 사업자는 일정 금액 이상 판매할 때 현금영수증을 발급해야 한다. 의무 발행 기준에 부합함에도 불구하고 현금영수증을 발행하지 않으면, 현금매출 누락 혐의를 인정해 세무조사 대상자로 선정되어 세무조사를 받을 수 있다.

• **2021년 현행** : 10만 원 이상(부가가치세 포함)

친절한 뽀식 ^pick 더 알아두면 좋은 정보! ··

근로자여, 현금영수증하라!
근로소득자라면 현금영수증을 통해 연말정산에서 소득공제를 받을 수 있다. 현금영수증, 신용카드 등의 사용금액을 모두 합쳐 총급여액의 25%를 초과하면 그 초과 금액에 대해 공제가 가능하다.

공제받을 금액 = 사용한 금액 × 공제율

카드별 공제율은 현금영수증 및 체크카드는 30%이고 신용카드 15%다. 따라서 같은 조건이라면 신용카드보다는 현금영수증이 유리하다. 모든 소비 내역을 공제받을 수 있는 것은 아니지만, 총급여가 7,000만 원 이하인 소득자의 경우 현금영수증 등으로 최대 300만 원의 공제를 받을 수 있다.

넷이 자란다구요?
넷그로스

오랜만에 은행에 들렀다 와서 그런가?

현금을 보고 오니 어디선가 지폐 냄새가 나는 것 같다.

그리고 지금 내 모니터에 커다랗게 떠 있는 이 돈 냄새 나는 견적서...

좋은 냄새다....(들숨 크게)

이 대리   뽀식님! 이 견적서 같은 견적서인데 숫자만 맞는지 봐주세요!

뽀식이   네? 같은 견적서라구요?

이 대리   아~! 하나는 Net이고 다른 하나는 Gross에요!

뽀식이   (거미줄이... 자란다...?)

📖 넷그로스 Net Gross

....

- **Net(넷)** : 세금, 실비 등을 제외한 세후 금액(실제 손에 쥐게 되는 금액)
- **Gross(그로스)** : 전체 금액 혹은 세전 금액

※ 넷과 그로스는 업계마다 다르게 사용될 수 있다.

친절한 뽀식 ᵖⁱᶜᵏ 더 알아두면 좋은 정보! ....

넷그로스의 예

Q 뽀식이는 거래처에게 500만 원의 돈을 받기로 했다. 이 500만 원은 200만 원의 빵, 200만 원의 우유, 100만 원의 커피에 대한 금액이다. 총가격 500만 원 중 200만 원의 빵, 200만 원의 우유, 100만 원의 커피에는 10%의 세금이 포함되어 있다. 이럴 경우 각각의 빵과 우유, 커피의 넷가는 10%의 세금을 뺀 180만 원, 180만 원, 90만 원이 된다. 그럼 그로스가는?

A 세금을 포함해서 처음 뽀식이가 받기로 한 500만 원이 그로스가가 된다.

Q 무역업계에서는 보통 견적 단위를 금액이 아닌 무게(weight)로 취급한다. 그렇다면 Net과 Gross Weight는 어떻게 될까?

A 100kg짜리 박스가 10개라면 단순히 합했을 때 1,000kg이다. 이것이 Net Weight(순중량)다. 하지만 이 박스가 바다 건너 가게 될 때 덜렁 박스만 보낼 수 없다. 박스 10개를 30kg의 컨테이너에 넣어 보낼 경우, 컨테이너 무게인 30kg이 추가되어 1,030kg이 Gross Weight(총중량)가 되는 것이다.

MG 먼지 RG?

MG, RG

지난 이야기

콜라보 코인에 탑승하고자 우리의 뽀식이네 팀은 IP(122쪽 참조)를 탐색한다.

그렇게 결국 물풍선 던지기 게임과의 첫 콜라보가 결정되었고, 드디어 오늘!

계약서에 도장 찍으러 가는 뽀식이와 팀원들

이 대리   뽀식님, 최종 미팅 전 계약서 내용은 꼼꼼하게 확인했죠?

뽀식이   네 그럼요! 법무 팀 검토도 완료했습니다.

이 대리   특히 MG랑 RG가 가장 예민한 부분이니까 숫자 틀린 거 없는지

　　　　한번 더 체크하도록!

뽀식이   (MGRG...? 뭔줘 알줘...? 아...! 알줘 알줘!)

📖 MG Minimum Guarantee, 미니멈 개런티

프로젝트 계약 시 무조건 지급을 약속하는 최소 보장 금액을 일컫는다.

📖 RG Running Guarantee, 러닝 개런티

일종의 성공 보수를 뜻하는 용어로, 기본적으로 보장되는 미니멈 개런티 또는 계약금 이외에 판매 성과에 따라 추가적으로 지급하는 금액이다.

(친절한 뽀식 *pick* 더 알아두면 좋은 정보!) ....

지금 뽀식이네 팀이 맺으러 가는 IP 계약의 계약금은 뭐라고 부를까?

정답은 IP 라이선스비다. 특정 지적재산권(영상, 캐릭터, 게임 등)을 사용하는 권리에 대해 지불하는 금액이다. 오리지널 콘텐츠 시장이 주목받기 시작하면서 IP(지적재산권) 라이선스 비용의 규모도 높은 수준으로 거래되고 있다. 대개 기업 간의 컬래버레이션 또는 IP를 활용한 상품을 개발 및 판매할 경우 'IP 라이선스비+MG+RG'를 합산한 금액을 정산하게 된다.

비슷한 듯 다른
액면가, 발행가, 시가

우리 회사가 새로 투자를 받는 건으로 오늘 주주총회를 한다고 한다.

회사의 얼굴! 김뽀식은 주주총회가 진행되는 동안,

팀장님 옆에서 진행을 서포트하게 되었다.

주주들이 하나둘 회의실에 들어오자 조금 긴장되었다.

이런 내 모습이 귀여웠는지 팀장님이 웃으며 말했다.

팀장님   오늘 주주총회는 금방 끝날 거예요.

         이번 투자금이 액면가 대비 2배 정도의 발행가라 합리적인

         수준이기도 하고, 구두로는 합의가 되었다고 해요.

뽀식이   (주주분들 액면가가 어려 보이긴 하던데, 발행가는 뭔가요?)

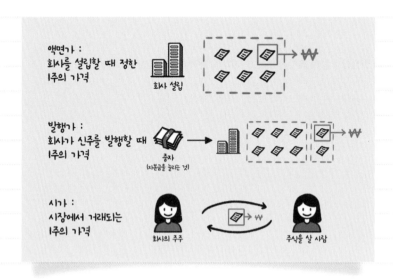

168

📖 액면가

회사를 설립할 때 정한 1주의 가격으로 고정된 금액이다.

- 액면가 = 자본금/주식 수

📖 발행가

회사가 신주(신규 주식)를 발행할 때 1주의 가격으로 금액의 변동 가능성을 보유한다. 액면가와 같거나 시장 가치를 반영해 액면가보다 높을 수도 있다.

- 발행가 = 증자할 금액/신규 발행할 주식 수

📖 시가

시장에서 거래되는 1주의 가격으로 금액의 변동 가능성을 보유한다. 일반적으로 코스닥 등 공개된 시장에서 가격을 확인할 수 있다(단, 비상장 기업의 경우 주식가치 평가에 따라 가격 형성).

- 시가 = 시가총액/주식 수

친절한 뽀식 ^{pick} 더 알아두면 좋은 정보!

회사의 신주 발행 시기

보통 증자(자본금을 늘리는 것)를 위해 발행한다.

증자의 3가지 종류

- **유상증자**　투자를 받을 때 발행
- **무상증자**　법정준비금을 자본금으로 전입할 때 발행
- **가수금증자**　대표 등이 회사에 빌려준 돈을 갚는 대신 발행

정말 가치가치하시네요
기업가치

회사가 투자를 받는다고 한다.

김뽀식이 들어온 지 얼마 되지 않은 것 같은데, 벌써 투자 유치 소식이라니!

아무래도 나는 타고난 복덩어리가 아닌가 싶다.

혹시 회사가 투자를 받으면 내 월급이 오르지 않을까 싶어

음흉하게 웃음을 짓고 있는데 팀장님이 말을 걸었다.

팀장님　뽀식님, 이번에 저희 투자받을 때 기업가치를 되게 잘 받았대요!

뽀식이　(내 야근이 휴식보다 가치있기를)

📖 기업가치 Valuation

시장에서 인정하는 기업의 다양한 가치(업종, 시장 크기, 수익성 등)를 고려한
시장 평가 수준, 즉 회사의 가격을 평가하는 작업이다.

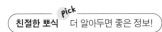

투자 전후에 따라 부르는 기업가치의 이름이 다르다?

- **Pre-money Valuation**
  - 투자 전 합의한 기업가치
  - 투자자와 창업자 간에 합의하여 결정되며, 창업자의 자본금을 통해 만든 무형의 회사가
    치(노력의 결과물)를 포함해 합의
- **Post-money Valuation**
  - 투자 직후 정해지는 기업가치 = 투자 전 합의한 기업가치 + 투자자가 투자한 금액
  - Post-money Valuation과 투자금액에 따라 투자자의 회사 지분량 결정

경제지에서 많이 봤는데?!
IPO

우리 팀은 포기하지 않는다!

온라인 서비스에 집중한 결과, 구매 지표가 100% 이상 상승했다.

(입틀막)

(내적 환호)

(소리 질러!)

밝은 표정으로 팀원들에게 수고했다는 인사를 건네는 팀장님이 말했다.

팀장님 조금 어려운 시기지만, 우리 회사가 IPO할 때까지 다 같이 힘내봐요!

뽀식이 I♡PO, 캐치보이 블락비 피오 저도 좋아합니다!(데헷)

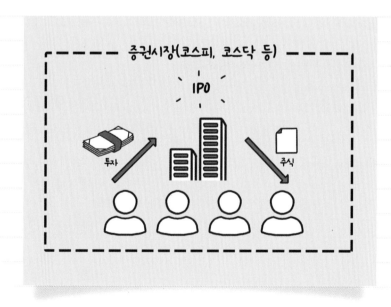

IPO Initial Public Offering

'기업공개' 또는 '상장한다'라고 표현하기도 한다. 기업이 외부 투자자(일반인 등)가 공개적으로 주식을 살 수 있도록 자사의 주식과 경영 내역을 증권시장에 공개하는 것을 의미한다. IPO의 주목적은 자금 확보로, 증권시장을 통해 자사 주식을 매각하는 방식으로 투자를 받는 것이다.

친절한 뽀식 ^{pick} 더 알아두면 좋은 정보!

IPO의 장점과 단점

· **장점** - 자금 조달 용이 : 일반 투자자도 투자 가능

  - 홍보 효과 : 정보 공개, 까다로운 심사 등을 통한 신뢰 상승

  - 기존 주주의 투자금 회수 가능 : 공개된 주식시장에서 거래 가능

  - 세제혜택 : 주식의 양도소득세가 발생하지 않으며, 상속·증여세 혜택

· **단점** - 기업의 정보 누출 : 법률상 공시의 의무

  - 경영권 분산 : 기업의 소유권인 주식이 매매되므로 경영권 분산

  - 비용 부담 : 수개월에 걸쳐 준비해야 하며, 수수료 등 비용 부담 높음

주식, 코인 하다 듣게 되는
콜옵션

승승장구하는 우리 회사.

이번 달 매출까지 지표를 보면 상한가 그 자체!

우리 팀은 엉덩이 춤을 추며 즐기고 있는데,

경영 팀의 얼굴은 조금 좋지 않아 보였다.

스윽 뽀식이 다가가 경영 팀 막내 사원에게 물었다.

뽀식이　　　(소근) 경영 팀 분위기 왜 이렇게 안 좋아요? 우리 매출 완전

　　　　　　많이 올랐는데...

경영 팀 막내　(소근) 회사가 잘 되어서 좋은데, 투자자가 콜옵션을 쓴대요.

뽀식이　　　(전화할 때도 옵션이 붙나요?)

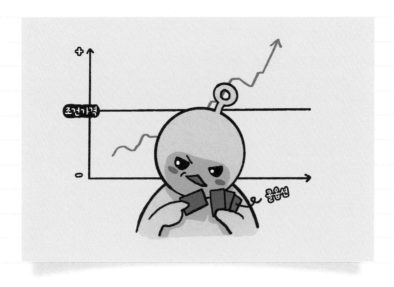

📓 콜옵션 Call Option

투자자가 정해진 기간 및 조건에 따라 주식을 살 수 있는 권리다. 예를 들어
6개월 내 주식을 10만 원에 살 수 있는 콜옵션이 있다면, 6개월 후 그 주식이
20만 원이 되더라도 10만 원에 살 수 있다. 다만, 옵션은 말 그대로 선택권이
기 때문에 투자자가 불리하다고 판단한다면 그 권리를 포기할 수 있다.

─── 친절한 뽀식 _pick_ 더 알아두면 좋은 정보! ┄┄┄┄┄┄┄┄┄┄┄┄┄┄┄┄┄┄┄┄┄

풋옵션이란?

콜옵션과 반대로 '팔 수 있는 권리'를 의미한다. 이것을 통해 투자자는 정해진 기간 및 조건에
따라 주식을 매도할 수 있다. 주가가 매입가보다 충분히 낮아져도 풋옵션(Put Option)을 사용한
다면 정한 가격으로 팔 수 있다.

증자... 에라 모르겠다!!

유상증자, 무상증자, 가수금증자

오늘 뽀식이는 취뽀하던 시절, 같이 스터디를 뽀시던 친구를 만났다!

모의 면접을 진행할 때도 기발한 생각과 답변으로 눈에 띄는 친구였는데

아니나 다를까 우리 중 제일 먼저 취뽀에 성공하여 어느 스타트업에 합류했다.

오늘 이야기를 들어보니 합류한 스타트업은 계속해서 승승장구!

동기   뽀식아! 우리 팀장님이 제품 잘 팔려서 내달에 무상증자하려고 했다가,

        너무 투자조건이 좋아서 곧 유상증자한다고 해! 뭔 뜻인지 모르겠는데

        좋은 거겠지?

뽀식이   (유전무죄! 무전유죄!)

유상증자: 기업이 신규로 주식을 발행하고, 그 주식을 불특정 다수에게 파는 것

신규주식

무상증자: 법정준비금을 자본금으로 전입한 만큼 주주들의 주식에 비례해 나눠 주는 것

법정준비금

가수금증자: 대표 등이 회사에 빌려준 돈(=가수금)이 있는 경우,
그 금액을 갚는 대신 빌려준 대상에게 주식을 발행할 수 있는 증자 방식

빌린 돈 → 주식

📖 유상증자, 무상증자, 가수금증자

증자(增資, capital increase)란 자본을 늘리는 것을 의미하며, 기업이 자본금을 늘리기 위해 사용된다. 자본금은 '발행주식수×액면가'로 결정되기에 발행주식수를 조절해 자본금을 늘리는 방식이다.

유상증자

기업이 신규주식을 추가로 발행하고 그 주식을 불특정 다수에게 매도하는 것으로, 추가 발행으로 전체 주식수가 늘어난다. 반면에 기존의 주식을 보유한 주주들은 지분율이 낮아질 수 있다.

무상증자

법정준비금(자본준비금, 이익준비금)을 자본금으로 전입한 만큼 기존 주주들이 가진 주식에 비례해 주식을 나눠주는 것으로, 기존 주식의 가치는 그대로이기에 주식 가치는 동일하다.

가수금증자

대표 등이 회사에 빌려준 돈(=가수금)이 있는 경우, 그 금액을 갚는 대신 빌려준 대상에게 주식을 발행할 수 있는 증자 방식이다.

친절한 뽀식 ᵖⁱᶜᵏ 더 알아두면 좋은 정보! ·······························

증자할 때 고려할 점

- **발행할 주식의 총수**   법인 등기부등본상 발행한 주식의 총수가 발행할 주식의 총수를 초과할 경우 변경등기해야 한다.
- **발행가액(신주발행의 경우)**   액면가(168쪽 참조)로 발행할 것인지, 액면가 이상의 금액으로 발행할 것인지에 따라 발행할 주식의 총수가 달라진다.
- **발행할 주식의 종류**   보통주인지, 우선주인지를 정해야 한다.

들어봤죠? 들어는... 봤죠!!

채권

귀가 간지럽다.

아까부터 회계 팀에서 소근거리는 소리에 예민해진 김뽀식.

우리 팀에서 법인카드 쓸 때는 종이 영수증도 꼭 챙겨서 제출했는데...

설마 꼼꼼한 뽀식이 뭔가 놓친 것이 있나?

귓구멍에 힘을 빡! 주고 레이더를 풀가동해 목소리를 포착해보려는데...

앗! 들린다!

회계 팀 우리 채권 상환일이 얼마 안 남았네요. 대리님 투자자별 이자지급액 체
　　　크 완료됐죠?

뽀식이 (채권? 주식 같은 건가...? 코인은 당분간 보기 싫은데...)

📖 채권

기관, 기업 등에서 일반 대중과 법인 투자자들로부터 비교적 거액의 장기자금을 조달하기 위하여 발행하는 유가증권으로 일종의 차용증서다.

친절한 뽀식 *pick* 더 알아두면 좋은 정보!

채권의 5가지 특징

- **확정이자부 증권** 채권은 발행 시 발행자가 지급해야 할 이자와 원금의 상환금액이 확정되거나 또는 그 기준이 확정되기 때문에 투자원금에 대한 수익은 금리수준의 변동에 의한 것 이외에는 발행 시 이미 결정된다.

- **이자지급 증권** 채권의 발행자는 주식과 달리 수익의 발생 여부와 관계없이 이자를 지급해야 한다.

- **기한부 증권** 채권은 원리금의 상환 기간이 사전에 정해져 있는 기한부 증권이다. 기한부 증권이라는 채권의 특성으로 인하여 잔존기간이 투자결정 요소로 그 중요성을 가지며 실제 금리는 경제 상황에 따라 변동하는 것이 일반적이므로 잔존기간의 길고 짧음이 채권투자수익에 큰 영향을 준다.

- **장기증권** 채권은 발행자가 투자자를 대상으로 비교적 긴 기간 동안 자금 조달을 가능하게 한다.

- **상환증권** 채권은 주식과 달리 발행자의 상환 능력이 있는 한 반드시 상환해야 한다.

여기서 제가 몇 PER 먹나요?
PER

김뽀식의 회사가 기술력으로 유명하던 스타트업 '짱짱테크'를 인수하기로 했다.

우리 회사 이제 대기업 다 되었구나 싶어 으쓱거리는 마음과 함께

회의감이 몰려왔다.

적어도 우리는 저런 사람이 부장으로 있는 한 어렵지 않을...

장 부장 어유 뽀식이는 오늘도 부지런해~ 어딜 그렇게 바쁘게 가나~

뽀식이 하하 좋은 아침입니다. (입만 웃음)

장 부장 그거 들었는가? 짱짱테크 인수가 PER이 안 맞아서

엎어진다는 얘기가 옆 센터에서 나왔다네.

뽀식이 (부장님이랑 저도 안 맞아요.)

📖 PER Price-Earning Ratio

주가수익비율, 즉 주가를 주당순이익(EPS)으로 나눈 값으로 1주가 기업의 수익에 비해 몇 배가 되는지를 나타낸다. PER이 낮으면 이익에 비해 주가가 낮다는 것이므로 그만큼 기업가치에 비해 주가가 저평가되어 있다는 의미로 해석할 수 있다. 반대로 PER이 높으면 이익에 비하여 주가가 높다는 것을 의미한다.

친절한 뽀식 _pick_ 더 알아두면 좋은 정보! ....

EPS란?

EPS(Earning Per Share) = 주당순이익(= 당기순이익/발행주식수)

EPS가 높다는 것은 그만큼 '경영 실적이 양호하다'라고 해석할 수 있다. 예를 들어, 주가가 200원인 회사의 1년 순이익이 10,000원이고 총주식수가 100주이면 EPS=10,000원/100주로 주당순이익은 100원이 된다. 여기서 주가를 연결지어 생각했을 때, PER=200원/100원으로 주식이 기업의 수익에 비해 2배 비싸게 팔리고 있다는 것을 체크할 수 있다.

시그널을 보내 삡빕피!
BEP

회사 어르신들에게 새롭게 출시한 서비스에 대한 성과 보고를 해야 한다고 한다.

어르신들에게 성과 보고라니!!

아무리 김뽀식이라도 조금 긴장이 된다.

어떤 자료부터 준비해야 할지 몰라서 안절부절하는데,

팀장님이 웃으며 말한다.

팀장님   걱정하지 마세요. 이번 서비스가 BEP는 넘었거든요!

뽀식이   (비입피... 성공 시그널인가요?)

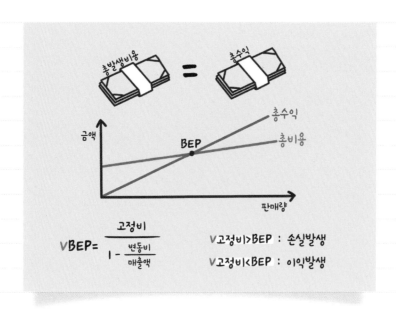

📖 BEP Break Even Point

같은 말로 손익분기점이라고도 하며, 비용과 매출액이 동일하게 된 때의 매출액, 즉 이익과 손실이 같아지는 지점을 의미한다.

BEP 계산법

BEP(손익분기점) = 고정비/(1 − 변동비/매출액)

고정비 〉BEP = 적자

BEP를 못 넘은 경우 손실이 발생한 것이다.

고정비 〈BEP = 흑자

BEP를 넘은 경우 이익이 발생한 것이다.

친절한 뽀식 ^{pick} 더 알아두면 좋은 정보! ···

배우가 N만 명 공약을 하는 이유

작품성이 좋고 흥행했어도 영화 제작비가 더 많이 들었다면 BEP(손익분기점)를 넘지 못한 것이다. 종종 배우들이 N만 명 공약을 올리는 이유는, BEP를 넘기기 위해 관객을 유치하는 일종의 스타 마케팅 전략이라고 할 수 있다.

모델링을요? 재무 팀에서요?
재무 모델링

회의를 마치고 온 팀장님의 얼굴이 흙빛이다.

새롭게 시작한 사업에 대한 안건으로 해커톤 회의를 한다더니...

거의 진이 빠진 채로 돌아왔다.

자료 조사 때문에 늦게까지 야근하던데,

잘 해결됐을까 마음을 졸이던 뽀식은 슬쩍 팀장님에게 다가가 물었다.

뽀식이   팀장님, 회의는 잘... 잘하셨어요?

팀장님   말도 마세요(한숨). 재무 팀에서 가격결정 다시 해야 한다고 재무 모델링

          을 단단히 준비해왔더라구요. 영업 팀이랑 조율한다고 아주 난리였어요.

뽀식이   (신사업 모델을 재무 팀에서 한다구요...?)

📖 재무 모델링 Financial Modeling

핵심 회계, 재무 및 비즈니스 매트릭스를 결합하여 기업의 재무 상황을 이해하기 위해 시각화한 것이다.

재무 모델링 구성 단계

· **입력 데이터 정의**
   - 수익적인 데이터(고객증가율, 매출액 등)
   - 비용적인 데이터(매출원가, 인건비 등)

· **추정 재무제표 작성**
   일정 기간 동안 기업 경영을 통해 발생된 수익과 비용에 대한 정보

· **결론 도출**
   재무 상황에 따라 손익분기 시점과 현금흐름을 파악하여 자금조달 계획 수립

 PF! 프프...?

PF

팀장님이 급격한 체력 저하가 왔는지 의자에 기대어 있다.

눈치 빠른 귀염둥이 막내 뽀식은 슬쩍 자리에서 일어났다.

뽀식이   (초콜릿을 스윽 내밀며) 팀장님, 요즘 바쁘시죠? 당충전 하세용!

팀장님   크읍, 고마워요 뽀식님. 아 요즘 현타 와서요.

　　　　　대표님은 요즘 땅 보러 다닌다는데...

뽀식이   땅이요? 대표님 집을 사시나요?

팀장님   아뇨, 뭐 빌딩 세운다는데, PF가 거의 클로징되나 보더라구요.

　　　　　빌딩은 됐으니 나도 내 집이나 사고 싶다!!!

뽀식이   (피에프? 프프? 지금 웃으신 건가?)

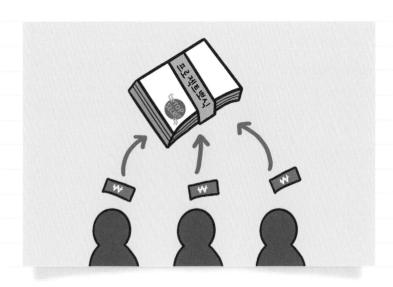

회사가 아닌 프로젝트 단위로 자금을 조달하는 것으로, 한 프로젝트당 규모 있는 자금이 투입될 때 주로 사용되는 방식이다. 빌딩을 세워야 하는 부동산 비즈니스, 규모가 꽤 큰 제작비가 소요되는 영화 콘텐츠 비즈니스 등에서 이용한다.

친절한 뽀식 ^{pick} 더 알아두면 좋은 정보! ⋯⋯⋯⋯⋯⋯⋯⋯⋯⋯⋯⋯⋯⋯

PF의 장·단점

· **장점** 회사의 부채, 담보와는 별개로 프로젝트 단위로 자금 조달이 가능하다. 다양한 이해 관계자가 참여하므로 금융 리스크 분산이 가능해 회사 입장에서 자금 걱정보다 본업에 집중할 수 있다.

· **단점** 담보가 없고 미완성된 프로젝트를 기반으로 자금을 조달하기 때문에 이자가 높을 수 있다. 또한 이해 관계자가 많아 그 사이에서 갈등이 유발될 수도 있다.

알죠 알죠! 파X바게트!
SPC

프로젝트가 점점 많아지고 있다.

이렇게 일만 하다가 제대로 벌어보지도 못 하고

몸이 망가지는 것은 아닐까 싶은 뽀식은 피로회복제를 들이켰다.

인생... 쉽지 않다...(꿀꺽) 먼 산을 보던 뽀식에게 팀장님이 다가와 말을 걸었다.

팀장님   요즘 일이 많죠? 특히 이번 프로젝트는 규모가 커서 PF를 위해 SPC를
별도로 설립한다네요. 자금 조달만 잘 되어도 추진하는데 무리는 없을
거예요.

뽀식이   (파리바게트... 던킨도너츠?)

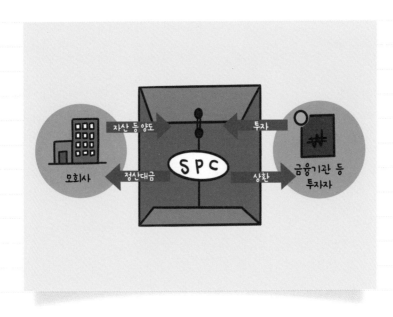

📖 SPC Special Purpose Company

....

특수한 목적을 갖고 세운 특수목적법인이다. SPC는 설립의 주체인 모회사
와 독립된 실체를 갖는다. 이 법인을 세운 모기업의 신용도나 재무상태와 관
계없이 사업 진행이 가능하며, 자체적인 상환 능력을 가지고 자금을 조달하
는 특징이 있다. 또한 사업 달성이 목표이므로 서류상 존재하는 페이퍼컴퍼
니 형태가 많다.

(친절한 뽀식 *pick* 더 알아두면 좋은 정보!) ....

SPC 설립이 필요한 상황

- PF(Project Finance)를 통해 자금 조달을 할 때, 즉 부동산, 영화 등 프로젝트성으로 자금 조
  달을 진행할 때 그 사업만을 위한 SPC를 설립하기도 한다. 이런 경우 사업 목적이 달성되면
  이해 관계자 간의 합의를 통해 상대적으로 어렵지 않게 법인 청산이 가능하다.

- 은행이 부실채권을 매각할 때 SPC는 은행이 가진 부실채권을 매각하기 위한 자산유동화
  전문회사로서의 역할을 하기도 한다. SPC는 금융기관과 거래하는 기업이 부실져저 대출금
  등 여신을 회수할 수 없게 되면 이 부실채권을 인수해 국내외의 적당한 투자자를 물색해 팔
  아넘기는 중개 기관 역할을 하게 된다. 이를 위해 외부 평가 기관을 동원해 부실채권을 현재
  가치로 환산하고 이에 해당하는 자산담보부채권(ABS)을 발행하는 등 다양한 방법을 동원
  한다.

- 자산을 처분하고자 할 때 기업이 팔고자 하는 자산의 크기가 큰 경우 SPC를 설립해 팔 자산
  을 인수한다. 이 자산을 근거로 채권을 발행해 현금을 마련하기도 한다.

흘러 흘러~
현금흐름

끝나지 않을 것 같던 회의 말미에 팀장님이 깊은 한숨을 쉬었다.

창문 너머를 슬픈 눈으로 바라보던 팀장님은

마케팅 예산이 소폭 감소되었다는 말을 전달했다.

팀장님 휴, 팀의 성과는 좋은데... 지난해 현금흐름이 좋지 않았다는데

어쩌겠어요. 함께 좀 더 힘내봐요!

뽀식이 (통장에 있는 현금이 흐른다고요...? 큰일 난 거 아닌가요...?)

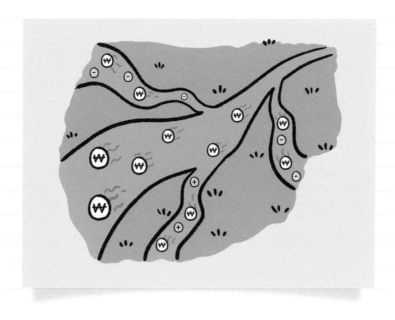

📕 현금흐름 Cash Flow

기업 경영에 따른 현금의 움직임을 의미한다. 일반적으로 현금흐름표를 만들어 관리하며, 일회성에 그치는 것이 아니라 지속적인 모니터링을 통해 지출을 적절하게 관리하는 데 활용한다.

친절한 뽀식 ^{pick} 더 알아두면 좋은 정보!

현금흐름의 3가지 종류

• **영업활동 현금흐름**   기업의 영업활동에서 발생하는 현금흐름이다. 이 금액은 기업이 외부의 재무자원에 의존하지 않고 영업을 통해 차입금 상환, 영업능력의 유지, 배당금 지급 및 신규 투자 등에 필요한 현금흐름을 창출하는 데 중요한 지표가 된다.

• **투자활동 현금흐름**   기업이 유형자산, 투자자산 등을 취득하기 위해 투자활동을 하면서 발생하는 현금흐름이다. 투자활동 현금흐름은 미래 수익과 미래 현금흐름을 창출할 자원의 확보를 위하여 지출된 정도를 나타내기 때문에 현금흐름을 별도로 구분한다.

• **재무활동 현금흐름**   기업이 특정 회계기간 동안 자금을 조달하거나 부채를 상환하는 등 재무적인 목적으로 일으킨 거래를 통해 벌어들인 현금흐름이다. 재무활동 현금흐름은 미래 현금흐름에 대한 자본 제공자의 청구권을 예측하는 데 유용하기 때문에 현금흐름을 별도로 구분한다.

동산, 부동산에서 많이 들어보셨죠?
유동성

이렇게 아파트가 많은데, 왜 내 집은 없는가?

아메리카노를 마시며 창밖의 노을을 보는 김뽀식.

아, 오늘따라 커피가 씁쓸하구만.

촉촉한 눈가를 훔치며 일을 하러 자리로 돌아가 앉았는데,

팀장님이 말을 걸었다.

팀장님　뽀식님, 그거 들었어요? 저번에 회사에서 투자한 부동산이 뛰어서 현금
　　　　 엄청 벌었대요! 재무 팀에서는 다른 건에서 날린 금액 다 처리하고 유
　　　　 동성 확보됐다고 엄청 좋아하더라구요.

뽀식이　(또르륵... 회사는 돈을 버는데, 나는...? 오늘은 포차 우동에 소주다...)

📖 유동성

자산을 비교적 단기간 내에 손실 없이 쉽고 빠르게 현금화할 수 있을 때 유동성이 있다고 표현한다. 유동성을 가진 자산을 유동자산이라고 하며, 현금 및 현금성 자산, 단기금융상품, 매출채권, 재고자산 등이 포함된다. 반대로 유동성을 가진 부채를 유동부채라고 하며, 기한 1년 이내의 단기차입금, 미지급금, 미지급비용, 선수금, 예수금, 충당금 등이 여기에 속한다.

친절한 뽀식 ^{pick} 더 알아두면 좋은 정보!

유동성을 추측할 수 있는 4가지 지표

- **유동비율** 단기채무 지급을 나타내는 비율로, 유동비율이 높을수록 단기채무 상환 능력이 좋다고 해석할 수 있다.

$$유동비율 = \frac{유동자산}{유동부채} \times 100$$

- **당좌비율** 유동자산 중 재고자산의 경우 현금화 가능성이 가장 낮은 자산이다. 따라서 재고자산을 제외한 후 계산한 유동비율이라고 보면 된다.

$$당좌비율 = \frac{유동자산 - 재고자산}{유동부채} \times 100$$

- **현금비율** 유동자산 중에서도 가장 유동성이 높은 현금성 자산만을 이용한 비율로 초단기 재무 지급 능력을 파악하는 지표다.

$$현금비율 = \frac{현금 및 현금성 자산}{유동부채} \times 100$$

- **순운전자본비율** 유동자산 - 유동부채를 뜻하며, 유동자산으로 유동부채를 상환한 후 남은 자산을 확인할 수 있으므로 부채 상환 능력을 추정할 수 있다.

$$순운전자본비율 = \frac{유동자산 - 유동부채}{유동부채} \times 100$$

현금흐름을 배웠으니 이제 미래 가치도 알아보자구?
DCF

오늘 우리 회사 기사가 포털 사이트 메인에 떴다!

회사가 잘되려고 하는지 투자자들도 많이 방문하는 것 같다.

이러다 정말 상장사가 되는 것은 아닐까?

부쩍 밝은 표정의 재무이사님이 팀장님에게 다가왔다.

김 이사   팀장님, 투자사에서 DCF를 요청해서 저희 상품 및 서비스 관련 지표들

             정리해 전달해주시겠어요? 백데이터로 쓰려고요.

팀장님   네, 최근 내역까지 업데이트해서 전달드리겠습니다.

뽀식이   (만우절 드립이었다는 건 아니겠죠?)

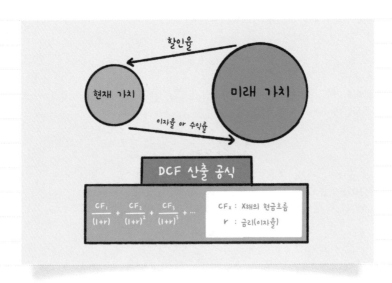

📖 DCF Discounted Cash Flow

현금흐름 할인법, 즉 기업이 미래에 벌어들일 돈을 현재 가치로 환산한 것이다. 과거, 현재, 미래의 100만 원의 가치는 다르다. 같은 금액이라도 시점에 따라 가치가 다르기 때문에 정확한 투자 판단을 위해 미래 가치를 현재의 가치로 환산하는 과정이 필요하다. 미래에 벌어들일 돈을 현금흐름이라고 하고 현재의 가치로 환산·할인해 기업의 가치를 평가하는 것이다.

───────────────────────────────

친절한 뽀식 *pick* 더 알아두면 좋은 정보!

DCF의 장점

기업의 내재가치를 이론적 측면에서 가장 잘 반영하며, 현금을 기준으로 평가하기 때문에 회계 방식의 차이에 관계 없이 주주가치를 계산한다.

DCF의 문제점

장기간 예측에 따른 문제점, 현금흐름의 예측성 문제점, 가치평가에서 비중이 높은 잔여가치(60% 이상인 경우가 많다.)를 가지는 문제점이 있다.

DCF의 사용 시 유의점

영구성장률, 주식시장 위험 프리미엄 가정이 주당 가치에 미치는 영향이 크며, 관심도가 낮은 매출채권, 재고자산, 매입채무 등의 운전자금을 조정하면 주당 가치는 크게 변하게 되므로 운전자금 산정도 중요하다. 가정이 다른 경우 기업 간 비교가 무의미하며, 절대주가의 판단지표로는 한계가 있다. 같은 가정하에서 업종 내 종목 간 매력도 판단이나 동일 기업 내 사업부문별 비교에는 유용하다.

캐시는 돈, 카우는 소 그럼 캐시카우는?

캐시카우

출근 시간까지 5분!

타임어택 끝에 가까스로 김뽀식은 회사 건물 엘리베이터에 탑승했다!

들숨날숨을 쉬며 돌아보니 같은 건물을 사용하는 (주)최고까까

사람들이 있었다.

뽀식과 팀장님을 제외한 사람들이 엘리베이터에서 모두 내리자

팀장님은 뭔가 부러운듯 말했다.

팀장님   최고까까... 이번에 캐시카우가 되는 대박 제품이 생겨서

           전 직원 연봉이 인상됐다고 하네요...

뽀식이   (말랑카우가 저 회사 제품이었나...?)

📖 캐시카우 Cash Cow

현금을 뜻하는 '캐시(Cash)'와 젖소를 뜻하는 '카우(Cow)'를 합성한 단어로, 고정적인 현금흐름을 발생시키는 수익창출원을 뜻하는 용어다. 기업이 캐시카우를 보유하게 되면 지속적인 수익이 발생하여 신규 사업 진출 등 여러 가지 이점이 생기게 된다. 다른 의미로 제품 성장성이 낮아졌지만 시장점유율이 높고 여전히 수익성이 좋은 산업을 일컫기도 한다.

친절한 뽀식 *pick* 더 알아두면 좋은 정보! ....

캐시카우의 사례

월트 디즈니 컴퍼니는 수많은 대형 기업을 인수한 회사로 유명하다. 월트 디즈니 컴퍼니가 인수한 기업으로는 대표적으로 20세기폭스, 마블 엔터테인먼트, 픽사 스튜디오, 루카스 필름 등이 있다. 마블 히어로나 스타워즈 등 충성도 높은 팬들을 확보하고 있는 여러 엔터테인먼트 기업을 인수함으로써 월트 디즈니 컴퍼니는 흥행이 보장된 다양한 캐시카우를 확보하게 되었다. 디지털 시대, 넷플릭스와 같은 구독형 스트리밍 서비스에 밀리지 않을 수 있었던 디즈니 파워의 근원은 지속적인 캐시카우 확보에서 나온 것이라 할 수 있다.

지구인들아 나에게 투자해줘!
크라우드펀딩

뭐 재미있는 일 없을까 기웃거리던 와중에

D기업에 취직한 박뽀식과 희대의 콜라보를 진행하게 되었다!

둘이 머리를 맞대고 궁리 중인데...

팀장님   뽀식님들 무슨 고민 중이세요?

뽀식이   저희 이번 콜라보 제품 그냥 출시하기는 재미가 없는 걸요!

박뽀식   그리고 시장 가능성이 있을지도 솔직히 모르겠습니다...

         예산 확보 가능성도 미지수에요.

팀장님   음... 그렇다면 크라우드펀딩으로 진행해보는 건 어떨까요?

뽀식이&박뽀식 (눈빛 교환을 하였으나 둘 다 모르는 눈치다.)

📖 크라우드펀딩 Crowdfunding

대중(crowd)에게서 자금(funding)을 조달한다는 의미로, 제품 제작자 등 자금을 필요로 하는 사람이 플랫폼을 통해 불특정 다수에게서 프로젝트에 대한 투자를 받는 것을 의미한다.

친절한 뽀식 *pick* 더 알아두면 좋은 정보!

크라우드펀딩의 종류

- **리워드형** 출시 예정인 제품이나 서비스가 주로 사용하는 방식으로 일정 금액 이상 후원 및 목표 투자 금액 달성 시에 창작자가 후원 금액에 따라 지정한 리워드를 지급한다. 대부분의 펀딩 리워드는 후원자가 투자한 프로젝트의 제품이나 서비스다.
- **투자형** 스타트업이나 영화 등 수익창출이 예상되는 프로젝트에서 주로 사용하는 방식이다. 해당 기업이 프로젝트에 명시한 규모로 성장하거나 영화가 상영되어 수익이 발생했을 때 투자했던 금액에 수익금을 붙여 지급한다.
- **대출형** 여러 명의 개인이 군중으로 모여서 다른 개인에게 모은 돈을 빌려주는 방식으로 P2P(Peer-to-Peer) 금융 혹은 P2P 대출이라고도 한다.

동작 그만! AML이냐?

AML

인간이 가장 일하기 싫은 시각 오후 2시 43분.

김뽀식은 간식을 먹으며 받은 메일함을 훑고 있다.

그중 김뽀식의 시선을 잡아끈 협력업체의 메일

✉️ [안내] 테러자금조달방지를 위한 결제 시스템 업데이트

안녕하세요. 모아모아뱅크입니다.

AML 준수를 위하여 6월 1일 결제 시스템 업데이트가 있을 예정입니다.

업데이트 내역은 아래와 같습니다.

뽀식이   (뭔지는 모르지만 테러자금이라니 겁에 질림) AML...? 비밀코드인가...?

불법적으로 획득한 자금을 합법적인 수입으로 위장하는 것(자금세탁)을 방지하기 위한 제도적 장치다. 금융기관이나 카지노를 대상으로 하였으나 인터넷뱅킹, 암호화폐 등의 이슈가 떠오름에 따라 2020년 7월 법령을 개정하여 전자금융업자와 자산규모 500억 원 이상의 대부업자도 포함되었다. 테러자금조달방지, 즉 CFT(Combating the Financing of Terrorism)와 함께 쓰인다.

친절한 뽀식 ^{pick} 더 알아두면 좋은 정보!

자금세탁방지법(AML)의 내용

자금세탁방지법의 대상자인 은행, 보험사, 증권사, 카지노 사업자, 전자금융업자, 자산규모 500억 원 이상의 대부업자에게는 3가지 의무가 생긴다.

· **고객에 대한 확인**　대상자는 고객의 신원과 함께 신규계좌개설, 일회성 금융거래, 자금세탁 행위로 의심되는 경우를 파악하고 있어야 한다.

· **자금세탁이 의심되는 거래를 FIU에 보고**　수상한 거래를 발견하면 금융정보분석원(FIU)에 보고해야 한다. 금융정보분석원에서 보고된 내용을 확인 후 조사가 필요하다고 판단되면 정보분석심의회 심의 등 절차를 거쳐 법이 규정한 기관(검·경, 국·관세청 등 8개 기관)에 정보를 제공하게 된다.

· **내부통제 등 자금세탁방지 의무 준수**　결제 시스템 등에서 자금세탁에 이용될 소지가 있는지 확인하고 사전에 방지해야 한다.

5장

마케팅

뽀식스! 어셈블!
MCU

지난 겨울에 론칭한 서비스가 오늘도 무럭무럭 성장하고 있다.

활성 사용자 그래프가 위로 위로 올라가는 모습을 보니 김뽀식 기분도 업!

이러다가 그래프 뚫는 거 아닌가 몰라!

아이 참, 보고 양식 변경해야 하나!

팀장님   뽀식님, 우리 활성 사용자가 많이 늘었더라구요!

　　　　　일자별 MCU 파악해서 프로모션 기획해주세요.

뽀식이   (MCU...마블 시네마틱 유니버스... 스타크 씨 저 속이 좋지 않아요...?

　　　　　조퇴각...?)

▥ MCU Maximum Concurrent User

최대 동시 접속자 수로, 서비스에 사람이 가장 많이 몰린 시점을 의미한다. 동시 접속자 수를 나타내는 말인 CCU(ConCurrent User) 앞에 Maximum이 붙은 것으로, Maximum 대신 Peak를 쓰는 PCU(Peak Concurrent User)도 같은 의미로 활용된다.

친절한 뽀식 ^{pick} 더 알아두면 좋은 정보! ⋯⋯⋯⋯⋯⋯⋯⋯⋯⋯⋯⋯⋯

동시 접속자 수를 통해 확인할 수 있는 내용

- **유저 행동 패턴 파악**
  시간별, 기간별로 CCU를 집계하여 서비스, 유저 특성과 함께 보면 유저의 행동 패턴을 파악하기가 용이하다. 혹은 광고나 이벤트 집행 직후의 CCU로 얼마나 많은 유저들이 반응을 보였는지 알 수 있다.

  (예1) 초등학생 학부모를 대상으로 하는 서비스 A의 CCU는 등교 직후인 오전 9시와 워킹맘들이 퇴근하는 저녁 7시에 상승한다.

  (예2) 어제 저녁 7시, 푸시를 통해 10% 할인 쿠폰을 배포한 이후 동시 접속자 수가 평일 동시간대 대비 15% 증가했다.

- **유저가 느끼는 서비스 활성화 정도 파악**
  특히 온라인 게임 서비스는 유저와 유저 사이의 인터랙션이 많기 때문에 동시 접속자 수에 따라 유저가 경험할 수 있는 콘텐츠에도 변동이 생길 수 있다.

- **안정적인 서비스 준비 가능**
  한 번에 너무 많은 사람이 몰리면 서비스가 원활하지 않거나 서버가 다운될 수도 있다. 서비스가 갑자기 끊겨버리거나 접속 대기가 생기지 않도록 안정적으로 운영하려면 CCU를 항상 체크해서 미리 서버를 증설하는 등 대비해야 한다.

해킹이라구요?
그로스 해킹

뽀식이는 우울하다.

새로 출시한 서비스의 사용자 수가 기대보다 적기 때문이다.

처음부터 기획이 잘못된 것일까? 아니면 접근 방식이 틀린 것일까?

조금 막막해 모니터를 보며 멍하니 있자,

팀장님이 표지에 '그로스 해킹'이라고 적혀있는 책 한 권을 주었다.

팀장님   뽀식님, 처음부터 완벽한 서비스는 없어요. 이 책의 그로스 해킹 사례를
              살펴보시고 우리 서비스에 접목할 수 있는 것들을 찾아봅시다.

뽀식이   (해킹은 나쁜 거 아닌가요?)

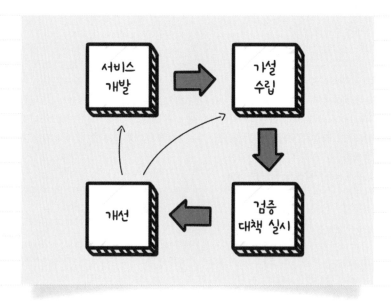

📖 그로스 해킹 Growth Hacking

....

빠른 가설 → 검증 → 개선의 과정을 반복하며, 꾸준히 성장(Growth)을 분석하고 추구하는 방법론이다. 드롭박스의 마케터 션 엘리스가 최초로 제안한 개념으로, 데이터를 기반으로 판단을 내리며 개선해나가는 것이 핵심이다. 그로스 해킹은 출시된 제품이나 서비스뿐만 아니라 개발 단계 등에서도 적용이 가능해 스타트업, 테크 기업에서 많이 활용되고 있다.

친절한 뽀식 ᵖⁱᶜᵏ 더 알아두면 좋은 정보! ....

그로스 해킹을 실행하기 위한 기법

그로스 해킹을 하기 위해서는 데이터를 분석해야 하는데, 이때 사용하는 기법이 바로 A/B 테스트(286쪽 참조)와 코호트 분석(288쪽 참조)이니 이를 연계하여 잘 살펴보자.

그로스 해킹으로 마케팅한 사례

광고 같은 전통적인 마케팅 방법이 아닌, 그로스 해킹을 활용하여 마케팅에 사용한 대표적인 기업이 드롭박스다.

우리가 인터넷 사이트 가입 시 추천인 아이디를 작성하면, 추천인인 기존 고객과 신규 유입 고객 모두에게 포인트와 같은 혜택을 주는 방식을 자주 찾아 볼 수 있는데, 이 방법이 바로 드롭박스가 그로스 해킹을 통해 실천한 대표적인 마케팅 방법이다. 이 방법으로 막대한 광고 비용을 줄이고 효율적으로 고객 유치에 성공했다.

자! 이제 시작이야!
고객여정맵

뽀식이네 팀에서는 현재 프로젝트에

새로운 기능을 더하기 위해 준비하고 있다.

'무럭무럭 자라서 우리도 유니콘이 되는 거야~'

본격적인 추가 기능 개발을 하기 전,

다 같이 프로덕트를 사용할 고객에 대해 생각할 시간을 갖기로 했다.

이 대리   이번에 뽀식님이 업데이트될 기능을 포함한 고객여정맵 한 번
          그려보면 어때요?

뽀식이   넹? 고객여정맵이라고 하면...?

이 대리   고객이 가는 길! (단순 명쾌)

뽀식이   (나는 왜 이 길에 서 있나? 이 길이 정말 나의 길인가?)

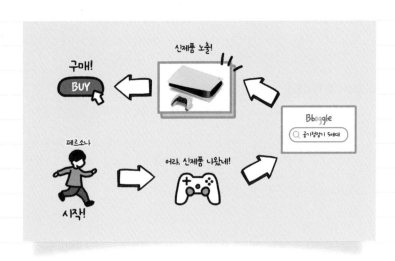

📘 고객여정맵 Customer Journey Map

광고나 서비스를 기획하는 과정에서, 소비자의 입장이 되어 어떠한 경로로 서비스를 경험할까 생각, 예측해보는 작업을 뜻한다.

터치포인트란?

터치포인트(Touch Point)는 고객이 서비스를 만나는 접점이다.

- 신제품을 TV 광고를 통해 만났다? → 터치포인트 = TV 광고
- 신제품을 모바일 배너로 만났다? → 터치포인트 = 모바일 배너

파는 것도 기술!
크로스 셀링, 업 셀링

지난주 진행한 프로모션이 대박이 터졌다.

'첫 가입 고객 한정, 꿀토마토 100원 프로모션'으로,

신규 가입자가 폭발적으로 증가한 상황.

'이제 로켓을 타고 날아가는 일만 남은 것인가' 하며

상상의 나래를 펼치고 있는 뽀식이에게 던지는 팀장님의 한마디.

팀장님　뽀식님, 이번 신규 고객들 대상으로 크로스 셀링, 업 셀링 전략을
　　　　세워볼까요?

뽀식이　(가입자 많아졌으니 된 거... 아닌가요?)

📖 크로스 셀링 Cross Selling

기존에 상품을 구매했던 고객에게 연관된 상품을 파는 마케팅 전략을 의미한다.

📗 노트북을 사러 온 고객에게 노트북 가방, 마우스, 거치대 등을 구매 제안해 판매 유도

📖 업 셀링 Up Selling

기존의 상품보다 한 단계 높은(질/가격) 상품을 파는 마케팅 전략이다.

📗 노트북을 사러 온 고객에게 CPU 업그레이드, 메모리 추가 옵션을 제안해 판매 유도

친절한 뽀식 ^{pick} 더 알아두면 좋은 정보!

온오프라인 할 것 없이 크로스 셀링, 업 셀링 사례는 꽤나 쉽게 찾아볼 수 있다.

· **오프라인 크로스 셀링** 📗 매운 음식을 파는 곳에서 계란말이, 계란찜을 함께 판매
· **오프라인 업 셀링** 📗 단품 메뉴 옆에 사이드 메뉴를 추가한 세트 메뉴 보여주기

MTB는 자전거인데?
RTB

오늘은 유튜브 매체설명회에 가는 날!

처음 가는 매체설명회! 게다가 유튜브!

설렘 반 떨림 반 두근대는 가슴을 안고 자리에 앉는 뽀식이.

곧이어 불이 꺼지고 담당자가 나와 프레젠테이션을 시작한다.

하나도 빼먹지 않고 다 메모하고 기억하리라 다짐하며 볼펜을 꽉 쥔 그때!!

낯선 단어가 뽀식이의 고막을 때리는데...

매체 설명 담당자   ...저희 유튜브는 RTB 방식으로 진행됩니다.

뽀식이   (RTB...? 나 B 효과?)

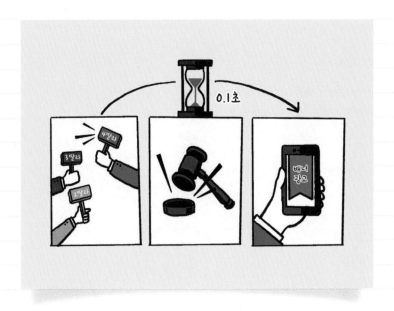

📖 RTB Real-Time Bidding

콘텐츠 발행자와 대행사, 광고주 등이 온라인 디스플레이 광고 공간을 실시간으로 사고파는 경매 시스템을 의미한다. RTB는 통상적으로 광고 노출 기회 발생 → 광고 경매 준비 → 광고 경매 입찰 → 광고 가치 계산 → 광고 경매 낙찰 → 광고 노출의 6단계로 진행된다. 놀랍게도 이 모든 과정은 사용자가 접속 후 페이지가 로드되기 전 0.1초도 안 되는 시간 내에 일어난다. RTB 거래의 입찰 모델에는 크게 최고가격경매(First Price Auction)와 차상위가격경매(Second Price Auction)가 있다.

친절한 뽀식 ᵖⁱᶜᵏ 더 알아두면 좋은 정보! ·······························

RTB에 또 다른 의미가 있다?!

Reason To Believe / Reason To Buy

브랜드 혹은 제품에 대해 브랜드의 메시지를 믿어야 할 이유 혹은 이 제품을 구매해야 하는 이유를 뜻하는 광고, 마케팅 용어다. Real-Time Bidding과 혼동해서 사용하지 않도록 조심하자.

(예1) 이 제품의 RTB를 무엇으로 잡아야 할까?

(예2) 이 제품의 RTB는 합리적인 가격과 부드러운 착용감이다.

USP요? 저 해외 직구할 때 써봤어요!

USP

롤드컵 못지 않은 열기로 가득찬 회의실,

신제품 출시 전략에 대한 논의가 한창이다.

'아... 이번 신제품... 소비자들한테 참 좋은데... 어떻게 표현할 방법이 없네...'

신제품을 보며 상념에 잠겨있던 뽀식이.

팀장님은 그 틈을 놓치지 않고 기습질문을 시전했다.

팀장님 뽀식님은 이번 신제품의 USP가 뭐라고 생각해요?

뽀식이 (Um ma Sarang hae yo Po go sip a yo...)

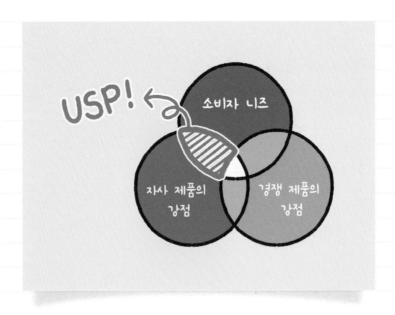

판매 가치 제안으로 풀이할 수 있으며, 철저한 제품 및 소비자 조사를 바탕으로 제품 고유의 장점을 소비자에게 전달하는 광고·마케팅 전략이다. USP는 Unique Selling Proposition 외에도 Unique Selling Point, Unique Sales Point, Unique Sales Price 등 다양한 형태로 불린다.

효과적인 USP 전략을 위한 3가지 조건

- 제품을 사용함으로써 소비자가 얻는 이익을 제시해야 한다.
- 그 이익은 경쟁 브랜드가 보유하지 않은 자사 고유의 것이어야 한다.
- 그 이익은 제품의 판매를 촉진시킬 수 있을 정도로 강력해야 한다.

친절한 뽀식 ^{pick} 더 알아두면 좋은 정보!

USP 전략의 창시자, 로서 리브스

테드 베이츠(Ted Bates)의 카피라이터인 로서 리브스(Rosser Reeves)는 '보기에 재미있는 광고는 소비자의 주의를 분산시킬 뿐 제품 판매엔 도움이 되지 않는다'고 생각했다. 그래서 그는 기업의 목적인 제품 판매에 직접적인 도움이 되도록 제품 고유의 강점을 어필하는 USP 전략을 개발했다고 한다.

아이엠 씨... 나는 씨다...?
IMC

오늘부터 새로 배정된 TF 팀에서 일한다.

이번 TF 팀의 다른 이름은 어벤져스!

팀의 막내인 뽀식이는 가장 일찍 출근해 진행할 프로젝트의 RFP를 살펴보았다.

RFP는 Request For Proposal, 제안요청서(244쪽 참조).

이제 이런 실무 용어에는 익숙해졌다고! 하핫

뿌듯한 표정으로 서류를 훑어보는 뽀식이에게 다가온 팀장님이 말했다.

팀장님　뽀식님! 혹시 IMC 제안서 써본 적 있나요?

뽀식이　(제 마케팅원론 학점은요... I'M C)

216

광고, PR, 오프라인 프로모션 등 다양한 마케팅 활동을 통합하여 하나의 목소리를 내는 광고 및 마케팅 전략을 의미한다. 하나의 키 메시지를 여러 미디어를 사용해 전방위로 펼치는 것이 핵심이다. IMC를 진행하는 이유는 강력하고 통일된 브랜드 이미지를 구축하고 소비자를 구매 행동으로 이끌기 위함이다.

────── pick ──────
(친절한 뽀식 더 알아두면 좋은 정보!) ···

IMC의 등장 배경

- ATL(282쪽 참조) 광고 효과 감소와 촉진 비용의 증가
- 유통의 발달로 소매업자 커뮤니케이션 등 BTL(282쪽 참조)의 중요성 증가
- 데이터베이스 기반 마케팅의 성장
- 인터넷·모바일의 발달로 쌍방향 커뮤니케이션 및 고객과의 소통 비중 증가
- 소비자와 접촉하는 미디어의 분화·파편화(공중파, IPTV, 가상광고, 배너, SNS, MCN, 유튜브, 버스 외부, 지하철 스크린도어, 야구장 옥외 광고, PPL 등)

CPR이 여기서 왜 나와?
CPR

곧 회사 창립 기념일이다!

회사 창립 기념일을 맞이하여 창립 행사 추진단이 꾸려졌다.

전직원이 실시간 참여 가능한 비대면 행사를 준비하라는 이야기가 들린다.

콘셉트부터 비주얼까지 작년과는 겹치는 것이 하나도! 없도록!

모두! 새로 만들라고 한다.

카페인을 연료로 열심히 머리를 굴리며 고민하고 있는데 팀장님이 다가왔다.

팀장님　뽀식님, 창립 기념일을 맞이하여 새로 CPR을 하려고 해요. 킥오프 미팅
　　　　 때 다른 사람들이 참고할 수 있도록 다른 회사 CPR 레퍼런스 좀 찾아주
　　　　 세요.

뽀식이　(머릿속에 갖가지 생각이 스쳐가는 중) CPR이요?

📖 CPR Corporate Public Relation

....

회사의 미션과 비전, CEO의 철학을 바탕으로 기업의 명성 및 가치를 높이기 위한 커뮤니케이션 활동을 말한다. 매출 향상보다 기업과 소비자 간의 관계 개선이 목표다.

CPR의 특징
- **대상** : 언론, 정부, 지역사회, 투자자, 종업원
- **목적** : 기업 이미지 향상, 기업 명성 및 기업가치, 평판 제고
- **홍보** : PR계획 수립 및 보도자료 배포, 기업 차원 홍보
- **수단** : 퍼블리시티, 연설문, 로비, 포럼, 세미나, 기업 PR 광고 등

(　친절한 뽀식 ^{pick}　더 알아두면 좋은 정보!　) ....

CPR과 MPR은 뭐가 다른가?

CPR은 Corporate Public Relation의 줄임말로 기업 홍보를 의미하며, MPR은 Marketing Public Relation의 줄임말로 마케팅 홍보를 뜻한다. 두 용어 모두 PR(홍보)에 관한 용어지만 목표와 타깃이 다르다.

CPR은 위에서 보았듯이 이윤을 추구하는 기업이 대중과의 커뮤니케이션을 보다 원만하게 하기 위해 공공의 성격을 가진 메시지를 내세워 홍보 활동을 진행하는 것이라면, MPR은 기업의 매출 향상을 위한 마케팅 활동을 담아내는 홍보 활동이다. 홍보하면 우리가 흔히 떠올리는 활동들은 대부분 MPR에 해당한다.

GTA가 아니라, CTA!
CTA

제품은 참 좋지만 유통 채널이 마땅치 않던 우리 회사!

무수한 러브콜과 제안 끝에 국내 유명 e-커머스 업체와 협업을 하게 됐다.

후후... 이제 남은 것은 시간 문제!

곧 물건이 불티나게 팔리겠지?!

뽀식이는 행복한 상상을 하고 있는데 팀장님이 다가왔다.

팀장님　이번 기획전 상세페이지 초안, 뽀식님이 잡아주세요.

　　　　CTA 고려해서 잘 부탁해요!

뽀식이　(CTA요...? GTA는 제가 좀 합니다!)

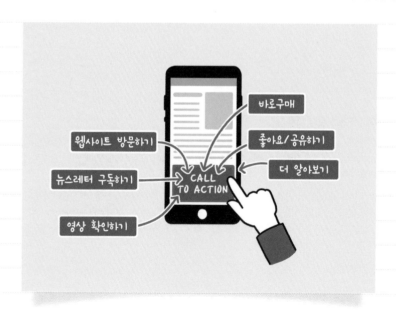

📖 CTA Call To Action

잠재 고객의 행동 또는 구매를 유도하는 카피, 배너, 버튼 혹은 기타 요소들을 총칭한다.

⑩ 랜딩 페이지의 버튼이나 배너, 회원가입을 권유하는 이벤트 팝업, 제품 판매 링크 등

친절한 뽀식 ^{pick} 더 알아두면 좋은 정보!

CTA의 3가지 기본기!

· **상단을 공략하라**
  소비자들은 화면 상단에 주목하기 때문에 CTA는 화면 상단에 배치하는 것이 가장 좋다. 전환율 최적화 솔루션 회사인 언바운스(Unbounce)에 의하면 CTA를 상단부에 배치했을 때 전환율이 41%나 증가한 결과가 나왔다고 한다.

· **강력한 카피가 필요하다**
  잘 쓴 카피가 잠재 고객의 전환율을 높인다고 한다.

  (예1) 유튜브를 보다 보면 흔히 접할 수 있는, '구독하기'와 '좋아요' 요청은 CTA의 대표적인 예시

  (예2) '~하라!', '~하세요!' 등의 명령형 카피는 대표적인 CTA 기법 중 하나

  (예3) '명확한 베네핏 전달+한정 판매'를 통해 고객의 행동을 자극하는 아주 좋은 예시

· **Simple, Simple, Simple!**
  지나치게 복잡한 구매 과정이나 너무 많은 개인 정보를 요구하지 말아야 한다. 복잡한 CTA 구조는 고객의 이탈을 야기할 수 있다.

모디슈머가 모디요?
모디슈머

새로운 HMR 제품을 출시하기로 한 뽀식이네 팀.

제품 출시 전, 다같이 줌을 켜고 북적북적 마케팅 회의를 하는데...!

김 과장   이번 우리 신제품을 저희 주력 상품인 요리 에센스랑 엮을 순 없을까요?

이 대리   요리 에센스를 활용한 새로운 레시피 공모전 같은 걸 해볼까요?

김 과장   아, 모디슈머들을 활용하자는 건가?

뽀식이   (모디가 모디...?)

📙 모디슈머 Modisumer

Modify와 Consumer가 합쳐진 Modisumer는 새로움을 추구하는 체험적 소비자를 의미한다. 이런 소비자들은 브랜드가 제안하는 방식이 아니라 소비자 스스로의 방식으로 제품을 경험한다.

최근에는 식품업계에서 모디슈머들의 파워가 높다. 우리가 잘 아는 짜파구리 같은 것들이 대표적인 사례라고 할 수 있다. 그밖에 소비자 투표를 통해 소비자가 만든 신제품으로 나온 트러플 짜파게티, 인스타그램 꿀조합 인증 샷 붐을 적극 반영하여 만든 죠리퐁 마시멜로 등이 모디슈머를 통해 실제 제품에 반영된 사례라고 볼 수 있다.

친절한 뽀식 ^{pick} 더 알아두면 좋은 정보!

팬슈머란?

팬슈머는 Fan + Consumer로 제품이나 서비스의 팬이 되어, 제품(서비스)의 생산, 출시에도 관여하는 소비자를 뜻한다. 팬슈머들은 브랜드에 이러한 제품을 생산해달라고 요청하거나, 팬들 사이의 여론을 조성하여 제품을 출시하게 만들기도 한다.

제가 테스티모니얼을 써봤는데요!

테스티모니얼

힘세고 강한 아침! 만일 내게 이름을 묻는다면 나는 김뽀식!

출근하자마자 회의가 3개나 잡힌 이 시대의 강한 신입!

아침용 긴급 아메리카노를 한 잔 수혈하고 들어간 회의실에서는

팀장님이 화면에 '경험' 두 글자를 커다랗게 띄운 후

이번 캠페인에 대한 브리프를 시작했다.

팀장님　이번 캠페인의 핵심 키워드는 '경험'입니다. 테스티모니얼 영상을 만들
　　　　려고 하는데요. 각자 나름대로 고민해본 후 내일 오후 3시쯤 만날까요?

뽀식이　(테스... 테스토스테론이요?)

📕 테스티모니얼 Testimonial

제품의 특징이나 장점을 강조하는 것이 아니라 직접 제품을 사용한 후 체험 담을 들려주는 형식의 광고·마케팅 방법이다. 테스티모니얼 광고는 단순히 제품의 특징이나 장점을 나열하는 것이 아니라 제품 사용자가 직접 증언함으로써 신뢰성을 높일 수 있다는 장점이 있다.

친절한 뽀식 pick 더 알아두면 좋은 정보! ....

테스티모니얼 광고의 유형

· **유명인형 테스티모니얼**
  고가의 화장품＋유명 배우 조합
  유명인을 활용하여 제품의 신뢰와 이미지를 강화한 사례

· **전문가형 테스티모니얼**
  기능성 화장품＋의사, 연구원 등 전문가 조합
  뷰티 전문가를 활용해 제품의 신뢰 및 전문성을 강화한 사례

· **리얼 스토리형 테스티모니얼**
  일상용품＋일반인 조합
  소비자의 사연이나 체험을 기반으로 제품의 신뢰와 공감대를 형성한 사례

철학과 목표를 녹여낸 메시지
슬로건

9월 6일, 월요일.

여느 때와 같이 평범하게 혼란스러운 월요일 아침을 맞이한 그들.

이 대리 뽀식님! 잠시만 저 좀 도와주세요!

박 인턴 뽀식님, 이거 이렇게 하면 될까요?

이런 이런... 이렇게 인기가 많아서야...

하지만 늘 그렇듯 방심하는 순간 시련은 찾아온다.

팀장님 뽀식님! 이번 캠페인 슬로건, 한 번 써보실래요?

뽀식이 (현실 세계에선 뽀시래기였던 내가 이 세계에선 프로 카피라이터?)

📖 슬로건 Slogan

가장 많이 쓰이는 광고 카피의 형태이자 브랜드의 철학과 목표, 방향성을 압축한 메시지다. 다양한 미디어에 장기적으로 활용되면서 브랜드의 정체성을 만들고 광고나 마케팅 캠페인을 이끌어가는 데 사용된다.

⑩ 나이키의 'Just do it', 애플의 'Think Different', 에이스 침대의 '침대는 과학입니다' 등

슬로건의 유래

스코틀랜드 지방의 고원 민족이나 변경 민족이 위급한 상황이 닥쳐올 때 다급하게 외친 함성에서 시작되었다고 한다. 어원은 갤릭어로 '군대의 함성'이라는 뜻의 'Slaugh - gaimm'이다.

─── 친절한 뽀식 ᵖⁱᶜᵏ 더 알아두면 좋은 정보! ⟩ ···

좋은 슬로건을 쓰기 위한 체크리스트

· 우리 브랜드만의 철학과 비전이 느껴지는가?

· 한 번에 쉽게 읽히는가?

· 기억하기 쉬운가?

· 시간이 지나도 유행을 타지 않는가?

CSR: Choi So Ra...?

CSR

[따링-! 10,000원이 출금되었습니다.]

평소 같았으면 듣기 싫었을 은행 어플의 출금 메시지, 하지만 오늘은 다르다.

작은 금액이지만 믿을 수 있는 단체를 통해 기부를 시작했기 때문!

좋은 세상을 위해 무언가 할 수 있다는 사실에 한껏 뿌듯함을 느끼며,

상쾌하게 하루를 시작한 우리의 뽀식이!

팀장님   우리 회사도 CSR 캠페인을 좀 진행해볼까 하는데요.

         좋은 아이디어 없을까요?

뽀식이   (CSR...? Choi So Ra...? 최소라님 섭외할 만큼 우리가 예산이 있던가.)

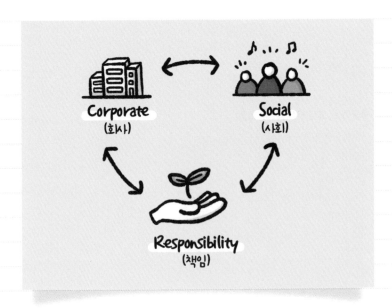

📖 **CSR** Corporate Social Responsibility

⋯⋯

경영 전략의 일종으로 기업의 사회적 책임을 가리키는 용어다. 기업의 수익 일부를 사회에 환원해 사회적 역할을 분담하고 사회 발전에 기여하는 행위를 일컫는다.

(친절한 뽀식 ^{pick} 더 알아두면 좋은 정보!) ⋯⋯⋯⋯⋯⋯⋯⋯⋯⋯⋯⋯⋯⋯⋯⋯⋯⋯⋯⋯⋯⋯

CSR의 탄생 배경

자본주의라는 새로운 경제체제가 등장한 18세기, 당시 기업들은 이윤 창출에만 초점을 맞췄을 뿐 공공의 이익이나 사회 문제에 대해서는 관심을 보이지 않았다. 하지만 경제적으로 풍요로워지면서 사람들은 점차 사회의 문제에 관심을 갖게 되고 동시에 기업이 사회에서 영향력이 커짐에 따라 기업에게 요구하는 사회적 책임에 대한 목소리가 등장하기 시작했다.

기업들이 CSR을 하는 이유

가장 큰 이익은 홍보 효과라고 할 수 있다. 기업의 사회 참여가 잠재적 소비자, 투자자, 애널리스트, 주주, 언론에게까지 좋은 이미지를 전달할 수 있다. 이를 통해 궁극적으로는 판매율과 시장점유율이 증가하는 효과까지도 노려볼 수 있다.

이제는 CSV의 시대!

CSV는 Creating Shared Value의 약자로, 기업이 수익창출 이후 사회 공헌 활동을 하는 것이 아니라, 기업 활동 자체가 사회적 가치를 창출하면서 동시에 경제적 수익을 추구하는 것이다. 경제·사회적 여건을 개선하면서 동시에 사업의 핵심 경쟁력을 강화하는 일련의 기업 정책 및 경영 활동으로, 기업의 경쟁력과 주변 공동체의 번영이 상호 의존적이라는 인식에 기반하고 있다.

CSV와 CSR의 차이점

CSV는 처음부터 경제적 가치와 사회적 가치를 동시에 창출하는 방법을 고민하지만, CSR은 기업이 이미 만들어낸 이익의 일부를 좋은 일에 쓰는 방식이다. CSR은 비용으로 인식되는 반면, CSV는 사회·경제적 효용을 증가시킨다는 점에서 기업의 경쟁력 향상을 위한 기회로 인식해야 한다. 그래서 CSR을 위한 예산은 한정적이기 때문에 활동이 제한적이나, CSV를 위해서는 기업 전략을 재창조해야 하므로 기업 전체에 조직과 예산이 투입된다.

피아식별 안 되는 대표님, PI 좀 챙겨주세요!

PI

즐거운 마음으로 월요일 출근을 한 뽀식이.

우렁차게 팀에 인사를 하려는 찰나,

다들 모니터 앞에 모여 웅성웅성거리는 모습을 보았다.

뽀식이　안녕하세요! 차 대리님!

차 대리　안녕하세요, 뽀식님! H그룹 대표 비자금 스캔들 난 거 봤어요?

뽀식이　아, 아침에 뉴스로 들었어요!

차 대리　H그룹 큰일이네요, 그렇게 PI 활동에 열심이었는데.

　　　　대표 스스로 이미지를 다 망쳐버리니...

뽀식이　(PI...? 피...? 새로운 운동...... 방식인가...?)

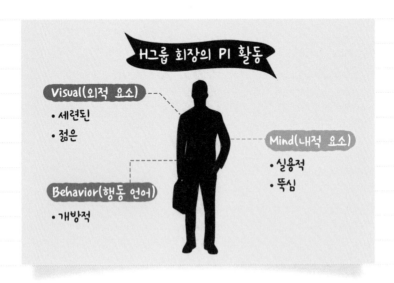

....

최고 경영자 이미지 메이킹에 초점을 맞춘 마케팅 활동으로, 말 그대로 최고 경영자의 이미지를 PI라고 한다. 행동, 외모, 마인드 등 다양한 요소가 어우러져 형성되며, 기업 혹은 경영자 스스로가 PI 관리를 한다. 이런 PI 활동을 통해 기업의 이미지가 좌우되기도 하기 때문에, 최근 젊은 최고 경영자들은 SNS를 활용해 자신들의 PI 활동을 하고 있다.

친절한 뽀식 ^{pick} 더 알아두면 좋은 정보! ....

대표님 외에 PI 사례가 또 있을까?

PI는 최고 경영자에게만 사용되는 용어가 아니다. 정치인들에게도 많이 사용되고 있는데, 대선이나 총선에 출마할 사람들의 PI를 살펴보는 것도 하나의 관전 포인트가 될 수 있다. 예를 들어 '경제 대통령', '준비된 대통령' 등 콘셉트 자체를 만드는 것도 PI 활동 중 하나다.

WA! 페르소나! 아시는구나!

페르소나

버스 래핑 광고를 진행하기로 한 뽀식이네 팀.

사람들의 이목을 끌만한 멋진 광고 아이디어를 골똘히 생각해보았지만

도통 아이디어가 나오지 않아 제자리걸음을 하며 머리를 쥐어뜯고 있을 때,

팀장님이 슬쩍 커피를 마시자고 했다.

뽀식이   광고 아이디어가 도통 안 나와요.

팀장님   광고 타깃이 어떻게 되나요?

뽀식이   2030 직장인이요. 근데 어떻게 접근해야 할지 모르겠어요.

팀장님   진행하려는 버스노선도랑 위치한 회사들을 보면서 페르소나를 짜볼까요?

뽀식이   (말씀해주신 페르소나가 게임입니까, BTS 앨범입니까?)

📖 페르소나 Persona

....

상품이나 서비스를 이용할 고객을 가상으로 설정하는 것으로, 나이 혹은 성별에 그치는 것이 아니라 어떤 라이프스타일, 어떤 활동을 하는지부터 어떤 정보에 노출되고 무엇을 생각하고 어떻게 느끼는지까지 설정한다. 페르소나가 뚜렷할수록 타깃을 명확히 지정할 수 있고 방향이 분명해진다.

친절한 뽀식 ^{pick} 더 알아두면 좋은 정보! ....

페르소나의 유래

페르소나는 원래 연극 등에서 배우가 쓰는 가면을 뜻한다. 배역을 맡은 배우가 쓰는 가면이 바뀌기에 마케팅업계로 넘어와서는 우리가 접근할 가상이지만 실재하는 고객을 예상해서 만드는 대상을 뜻하게 되었다.

페르소나를 잡을 때 중요한 점 3가지

· **이 사람(페르소나)은 누구인가?**   평소 하루를 어떻게 보내는지, 어떤 사람인지를 추정한다.

· **이 사람은 무엇을 필요로 하는가?**   왜 우리 제품·서비스가 필요한지가 아니라, 이들 자체의 니즈를 파악하고 어떤 연관성이 있는지 찾는다.

· **이 사람은 왜 우리에게 관심이 있는가?**   우리의 제품과 서비스가 어떻게 그들의 관심을 끌 수 있는 부분인지를 확인한다.

매니페스토? many? 뭐가요?
매니페스토

뽀시래기 인생 처음으로 카피라이팅 업무를 맡게 되었다!

각종 SNS와 힙합 프로그램을 두루섭렵한 나, 김뽀식

시대를 담아낸 아주 기가 막힌 카피를 써주지.

2120년에 이 문구는 연구 자료로 쓰일 것이다! 후후...

팀장님   뽀식님, 브랜드 매니페스토를 한 번 써보시죠!

뽀식이   (예? 바질페스토가 쓰다고요?)

📖 매니페스토 Manifesto

다른 경쟁자들과 차별화된 브랜드만의 가치와 철학을 전달하기 위해 30초에서 1분 정도의 긴 호흡으로 풀어 쓴 광고 카피 혹은 영상 광고를 뜻한다. 감정선을 자극하여 감동을 극대화하고 브랜드의 철학을 소비자와 공유하고 교감하여 장기적으로 브랜드 팬덤을 형성하는 데 효과적인 기법이다.

친절한 뽀식 ^{pick} 더 알아두면 좋은 정보!

매니페스토의 어원

증거 또는 증거물이라는 뜻의 라틴어로 '마니페스투스(manifestus)'에서 파생된 이탈리아어다. '과거 행적을 설명하고 미래 행동의 동기를 밝히는 공적인 선언'이라는 의미로 쓰인다.

당신이 열어볼 이메일
뉴스레터

여기는 달리는 지하철 2호선 안.

그리고 내 앞에는 요리 보고 조리 봐도 틀림없는 김 대리님이 있다.

인사를 해야 하나 고민하는데, 김 대리님 입사 동기인 최 대리님 등장!

최 대리 오! 뽀식님 하고 김 대리님 아니세요? 다들 이제 출근하세요?

김 대리 어? 최 대리님이네요? 제가 폰 보느라 뽀식님이 앞에 있는 줄도 몰랐어요.

최 대리 아니, 뭘 그렇게 열심히 보고 계셨어요?

김 대리 아, '부스러기의 지식 한 점'이라고 요즘 핫한 뉴스레터에요.

최 대리 저도 그거 구독하고 있어요! 뽀식님은 챙겨 보는 뉴스레터 있나요?

뽀식이 (충격! 우리 모두 '부스러기의 지식 한 점' 구독자였다…?)

📖 뉴스레터 Newsletter

이메일을 통해 구독자에게 정기적으로 콘텐츠를 발송하는 형태를 말한다. 우리말로는 '소식지'라 표현할 수 있는 만큼 직접적으로 제작자와 구독자가 빠르게 맞닿을 수 있는 도구다.

───── pick ─────
(친절한 뽀식   더 알아두면 좋은 정보!) ··

바쁜 뽀식이를 위한 3초 핵심 요약

뉴스레터는 월요일에 발행하는 것이 오픈율과 클릭률 모두 가장 좋다. 개인 발행 뉴스레터로는 일상, IT, 음악 카테고리가 가장 많다.

이메일 뉴스레터 솔루션 스티비의 온라인 설문 결과, 무려 응답자의 약 69.1%가 '현재 이메일 마케팅을 하고 있다'고 한다. 스티비처럼 마치 블로그를 작성하듯이 뉴스레터 발송이 점점 간편해지며 회사나 단체뿐만 아니라 개인이 퍼스널 브랜딩을 목적으로 뉴스레터를 발행하는 일도 많아졌기 때문이다.

69.1%
현재
이메일 마케팅을
하고 있다.

뉴스레터 작성 시 주의할 점

* **성과 지표로 삼을 2가지** 목표가 있어야 성장이 있는 법이다. '구독자 수 N명을 만들겠어'도 중요하지만 발행인으로서 정말 유의미한 콘텐츠를 보내고 있는가를 스스로 계속해서 평가하는 것이 장기적으로 더더욱 중요하다. 이러한 자기 평가를 도와줄 2가지의 지표가 바로 오픈율과 클릭률이다.

  - 오픈율 : 구독자 중 해당 이메일을 열어본 구독자 비율
  - 클릭률 : 발송 성공한 사람 중 이메일에 포함된 링크를 한 번이라도 클릭한 사람의 비율

  이 2가지를 지속적으로 살피면서 더 많은 구독자들이 선호하는 내용이 무엇인지, 어떤 내용에 반응하는지 살피는 것이 중요하다.

* **A/B 테스트 적극 활용** 오픈율을 보다 보면 '제목을 이렇게 썼다면 더 많은 사람들이 보지 않았을까?', '내가 너무 이른 시간에 보내서 오픈율이 낮아진 건 아닐까?'라는 고민을 하게 될 것이다. 뉴스레터별로 구독자들의 특징은 모두 다르기 마련이다. 스티비에서 작성하면 A/B 테스트 기능이 별도 탭으로 분리되어 있으니 어려워 말고 일단 시도해보라. 충분하게 조건 설정과 회고를 거치며 구독자들에게 가장 최선이 무엇일지 같이 생각하는 것이 좋다.

PPM? 뿜! PPM

새로운 브랜드 론칭을 앞두고 있는 김뿌식과 팀원들!
TV 광고까지 찍기로 한 탓에 모델 선정부터 스토리보드에 이르기까지
정신없이 돌아가는 뿌식이의 하루!
그와중에 엎친 데 덮친 격으로 이 과장님이 등장하는데...

이 과장 뿌식님! 우리 PPM은 언제 하기로 했어요?

뿌식이 (동공이 흔들린다) 네...?

이 과장 우리 얼추 스토리라인이랑 모델도 정해졌으니까 PPM 해야

될 거 같은데?

뿌식이 (일단 대답하자!) 일정 확인해보겠습니다! (RPM? 자동차...속도...?)

....

촬영에 대한 사항, 즉 촬영장, 콘셉트, 소품, 의상 등 촬영에 필요한 상세 사항을 광고주와 광고대행사가 최종 점검하는 자리를 의미한다. PPM 미팅에서는 영상을 촬영하는 감독이 발표자가 되는 경우가 대부분이다.

<hr/>

(친절한 뽀식 *pick* 더 알아두면 좋은 정보!) ....

프로덕션의 종류

프로덕션(Production)이란 TVC, 영화 그 외 다양한 영상물을 제작하는 회사를 말한다. 이런 프로덕션은 하는 일에 따라 여러 가지로 분류한다.

프리 프로덕션(Pre-Production)

전반적인 촬영에 있어 이전 작업인 콘티, 각본, 로케이션, 모델 섭외 등의 작업을 진행하는 곳이다. 심플하게 영상 기획 작업을 진행하는 기획실이라고 이해하면 쉽다.

메인 프로덕션(Main-Production)

프리 프로덕션에서 구성한 기획에 맞춰 실제로 촬영을 진행하는 곳이다. 보통 메인 프로덕션 내부에 프리 프로덕션이 있는 경우가 많다.

포스트 프로덕션(Post-Production)

가편집, 모션그래픽, 합성, 색보정, 음향 작업 등 총편집에 걸쳐서 실제 방영을 위한 최종본을 완성하는 곳이다. 편집실이라고 부르기도 하는데, 2D/3D 등 여러 가지 영상 효과를 넣는 것도 포스트 프로덕션에서 진행한다.

톤앤매너(Manners maketh PPOSIC)
톤앤매너

이번 TVC 광고 기획회의에 참석하게 된 김뽀식!
첫 TV 광고를 찍게 되어 들뜬 마음으로 참여한 회의인데…
어째 분위기가 심각해 보인다.

뽀식이   (요즘 잘나가는 A 배우도 섭외할 예정에, 유행하는 것들이 포함되어 있는 것
         같은데 왜 그러지?)

팀장님   트렌디해서 좋은데 저희 프로덕트 톤앤매너와 다소 안 맞는 것 같아요.

대행사   T&M가이드 있으시면 같이 보면서 다시 짜볼까요?

뽀식이   (티엠…? 티엠아이?)

■ 톤앤매너 Tone&Manner

색조(Tone)와 표현법(Manner)을 활용해 작업물에 대한 전체적인 콘셉트와 분위기를 시각적으로 표현한 것을 뜻한다. 흔히 '일관된 톤앤매너를 유지했다'라고 하면, 색조, 표현법, 감성적 방향, 분위기 등을 일정하게 유지하여 그 작업물이 가진 아이덴티티나 메시지를 고객에게 정확하게 전달하는 것을 뜻한다.

디자이너는 톤앤매너를 이용해 브랜드가 말하고자 하는 이야기를 시각적으로 단순화시켜야 한다. 여기서 말하는 단순화는 '쉽고, 간단하다'라는 말을 뜻하면서 또는 글자를 대신할 '형상화'를 의미한다.

브랜드 사례로 알아보는 톤앤매너

많은 브랜드들이 인스타그램을 통해 브랜드 톤앤매너를 소비자들에게 인식시키고 있다. 그중 대표적인 브랜드 몇 개를 꼽아보자면,

- **빙그레의 빙그레우스** 빙그레는 브랜드 세계관을 구축하고 제품들을 모에화시켜 사람들의 많은 이목을 끌었다. 빙그레우스 세계관 덕분에 빙그레는 B급 문화의 톤앤매너를 가진 대표적 브랜드 중 하나로 급부상했다.
- **이니스프리의 이니스프리 아일랜드** '누구나 쉬어갈 수 있는 SNS 속 작은 섬. 이니스프리 아일랜드'라는 콘셉트로 2014년 2월에 오픈한 이니스프리의 인스타그램은, 브랜드 아이덴티티인 자연주의와 동일한 톤앤매너를 유지해 이미지 매칭에 성공했다.
- **킨포크** 킨포크의 핵심은 일상의 여유로움(Minimal)과 자연스러움(Organic)이다. 인스타그램 또한 '가까운 사람들과 함께 어울리며 느리고 여유로운 자연 속의 소박한 삶'에 맞춰 낮은 채도와 우드톤의 사진을 활용하여 킨포크의 핵심 가치를 잘 시각화했다.

마크업은 마크다운이랑 세트인가요!

마크업

오늘은 유난히 마크 정식이 당긴다는 동기의 말에,

편의점에서 든든하게 점심을 해결한 뽀식!

식곤증을 진한 아메리카노로 이겨내며 광고의 본격적인 집행을 위해

매체사와 첫 미팅을 진행하게 되었는데...

매체사 황 부장　뽀식님! 그럼 총예산은 2,000만 원, 총마크업은 20%로 하고

　　　　　　　뽀식님네 10%, 저희 10%로 하면 될까요? (모르는 단어 등장)

뽀식이　　　　네! 예산은 2,000만 원 맞아요! (답변 회피)

매체사 황 부장　마크업 비율은 20%로 해도 될까요? (확인 사살)

뽀식이　　　　(팀장님에게 구조요청 신호를 보낸다.)

📖 마크업 Mark-Up

....

매체에서 광고를 집행할 때 광고비 내에서 일정 비율을 광고회사 보수로 인정하는 것을 뜻하며, 마크업 비용을 추후에 따로 추가하여 진행하는 경우도 있다. 예를 들어, 총예산이 2,000만 원이고 마크업 비율 20%일 경우, 20%인 400만 원을 제외하고 1,600만 원으로 광고를 진행하게 되는 것이다.

친절한 뽀식 *pick* 더 알아두면 좋은 정보! ....

피란?

피(Fee)는 광고 회사의 서비스(용역)에 대한 대가로 광고주가 지불하는 금액을 의미한다. 회사 내부에서는 내수율이라고 부르기도 하는데, 보통 전체 캠페인 예산에서 회사가 정한 비율에 맞춰 피를 측정한다.

온라인 탑골공원 속 R.ef 말고!
RFP

김뽀식이 마케팅 대행사를 담당하게 되었다!

앞으로 대행사와 함께 회사 SNS를 운영한다고 생각하니,

어깨가 조금 무거워지는 것 같다.

하지만 난 잘할 수 있을 것이다!

왜냐하면 싸이월드 시절부터 SNS 글발을 다져왔기 때문이다!

입꼬리를 실룩거리며 대행사와 어떤 것들을 진행할까 고민하고 있는데,

팀장님이 다가와 말했다.

팀장님　뽀식님, RFP 초안 나오면 공유해주세요.

뽀식이　(그런데 들으면 왜 눈물이 날까~ 가수 R.ef요?)

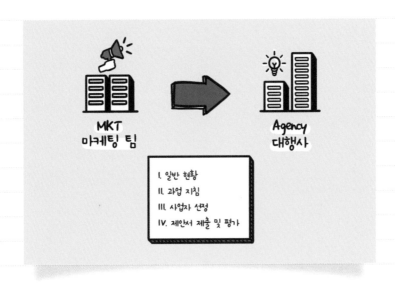

📖 **RFP** Request For Proposal

....

발주자가 프로젝트를 담당할 최종 업체를 선정하기 이전, 수행에 필요한 요
구 사항을 체계적으로 정리한 제안요청서를 말한다.

RFP에 포함되는 내용

- 회사의 현황 및 문제점
- 사업 추진 방향
- 제안 요청 내용
- 예산

- 제출 일정
- 제출 방법
- 참가 자격
- 평가 기준 등

(친절한 뽀식 ᵖⁱᶜᵏ 더 알아두면 좋은 정보!) ....

RFP는 결과 평가 기준이 된다?

프로젝트에 대하여 발주사와 수행사의 법적 분쟁 등이 발생하면 RFP는 결과 판단의 중요한
근거가 된다. 따라서 RFP를 작성할 때에는 요구사항을 명확하고 구체적으로 작성해야 한다.

참조할 만한 RFP를 살펴보고 싶다면?

나라장터(http://www.g2b.go.kr/index.jsp)에서 국가사업 RFP를 확인할 수 있다. [입찰 공고 검
색] 탭에서 [광고/대행/마케팅] 등 참조를 원하는 프로젝트의 키워드를 검색해 찾으면 된다.
가끔 대행비와 매체비가 따로 적혀 있는 경우가 있으니 끝까지 주의해서 살펴야 한다.

빵야, 빵야 FPS아니고
FGI

시제품이 나왔다.

막상 눈앞에서 시연해보니 모양새가 꽤 괜찮았다.

이 정도 나오기까지 우리 팀의 노력이 떠올랐다.

김뽀식은 괜히 뿌듯함이 밀려왔다.

이제 시제품이 나왔으니 출시까지 더 힘내야지, 주먹을 모아 쥐었다.

하지만 왠지 팀장님은 영 만족스럽지 못한 표정으로 말했다.

팀장님   우리 출시하기 전에 FGI를 진행해보죠!

뽀식이   (빵야, 빵야! FPS 게임은 아는데...)

집단 집중 면접으로 리서치 기법 중 하나다. 연구의 주제나 관심의 대상이 되는 유사 구성원들을 한자리에 모아 인터뷰를 진행하는 방식이다. 상대적으로 저렴하게 소비자의 심층 심리 및 반응을 파악할 수 있다는 장점이 있지만, 인터뷰를 진행하는 진행자와 절차 등에도 영향을 많이 받아 주의가 필요한 기법이기도 하다. 무엇보다 조사 절차 및 방법을 철저히 하고 진행자의 능숙한 진행이 중요하다.

친절한 뽀식 _pick_ 더 알아두면 좋은 정보!

기업 및 정부 부처에서도 사용한다고?

흔히 좌담회라 부르는 것도 FGI 중 하나라고 할 수 있다. FGI를 설계하는 것이 처음이라면 정부부처 등에서 진행하는 FGI 설계 방법을 참고하기 바란다. 또한 다양한 행태를 가진 소비자들을 모아 FGD(Focus Group Discussion)를 진행하는 경우도 있으니 상황에 맞게 사용할 것을 권장한다.

아하!
아하 모멘트

뽀식이네 팀이 운영 중인 사이트에

지난 주말 사이 갑작스레 사용자들이 엄청나게 증가했다.

그래프가 이게 말이 되는 건가.... 기울기가....

이러한 이유로 전체 팀원이 월요일 아침 긴급회의에 소집되었는데...

유 과장   갑자기 유입자들이 많아진 이유가 뭐죠?

김 대리   이번에 저희가 한 리사이클링 캠페인이 고객들에게

　　　　　아하 모멘트를 준 것 같습니다.

뽀식이   (아...하..? 아하... 그렇구나..? 아... 하이고야....)

📖 아하 모멘트 A-ha Moment

신규 고객이 브랜드에서 가치를 느끼는 순간을 말한다. 유레카 효과(Eureka Effect) 혹은 와우 포인트(Wow Point)와 유사한 의미로 사용된다.

친절한 뽀식 _pick_ 더 알아두면 좋은 정보!

브랜드에서 가치를 느끼는 순간은?

아하 모멘트가 생기는 순간의 가치는 브랜드를 사용해야 하는 이유가 될 수도 있고, 브랜드에 호감을 느끼는 순간이 될 수도 있다. 예를 들어, 공인인증서를 이용해 송금하던 것에 불편함을 느끼던 사람이 토스를 쓰면서 인증 없이 이체를 했다. 그러고는 이후 송금할 때 토스를 이용하게 되었다. 그럼 그 사람의 아하 모멘트는 토스로 공인인증서 없이 송금을 한 순간이 될 것이다.

고객 충성도와는 어떤 연관이 있나?

고객 충성도란 특정 제품이나 서비스를 반복적으로 소비하는 고객의 태도를 의미한다. 고객 충성도는 구매하는 행동적인 측면에서 정의되는 개념으로, 고객이 제품이나 브랜드에 지속적으로 아하 모멘트를 느껴 소비를 하게 된다면 충성도는 증가하게 된다.

엄마가 아니라구요!
YoY, QoQ, MoM

우리 대표님이 투자설명회에서 발표를 엄청 잘했다고 한다. (물개박수!)

그래서 여러 투자사에서 검토를 위해 이런저런 자료를 요청하고 있다.

아무래도 우리 회사 대박 나려나 보다!

투자사의 요청으로 팀장님이 자료를 정리하고 있는데

급히 나를 불렀다.

팀장님 뽀식님, 제가 미팅 때문에 지금 나가봐야 해서요. 저희 서비스 가입자의

MoM을 엑셀파일로 정리해서 메일로 보내주세요.

뽀식이 (엄마가 거기서 왜 나오는 거죠…?)

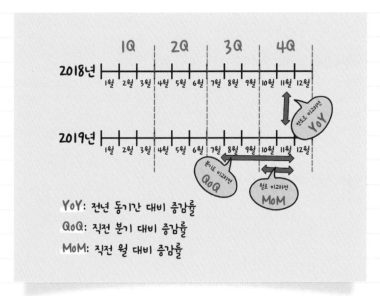

📘 YoY, QoQ, MoM

과거의 같은 기간을 현재와 비교할 때 쓰는 표현을 일컫는다.

YoY(Year on Year)

전년 대비 증감률로, 작년과 올해의 같은 기간을 비교한다는 의미다. 여기에서 같은 기간은 월이 될 수 있고, 분기도 될 수 있고, 특정 기간이 될 수도 있다. YoY는 투자시장에서 가장 많이 보는 지표로, 전체적인 흐름 파악에 용이하다.

YoY = [(올해년도 수치 - 직전년도 수치)/올해년도 수치] × 100

QoQ(Quarter on Quarter)

직전 분기 대비 증감률로, 계절 등에 영향을 받는지 확인 가능하다.

QoQ = [(이번 분기 수치 - 직전 분기 수치)/이번 분기 수치] × 100

MoM(Month on Month)

전월 대비 증감률로, 지난달과 지표를 비교 및 분석 시 활용된다.

MoM = [(이번 달 수치 - 지난달 수치)/이번 달 수치] × 100

친절한 뽀식 ˢⁱᶜᵏ 더 알아두면 좋은 정보!

YoY, QoQ, MoM을 실전에서 활용해보자!

캠핑 용품 관련 업체에 다니고 있다고 가정해보자.
코로나19가 캠핑업계에 어떤 영향을 끼쳤는지는 2020년 매출 YoY를,
여름과 가을의 캠핑용품 판매 차이는 동년 3분기 매출 QoQ를,
새로운 신상 텐트 출시 직후 매출 반응을 확인하고자 한다면 매출 MoM을,
확인하면 해당 산업과 사업을 분석할 수 있다.

6장

광고 및 홍보

디에이 뭐요?
DAU, WAU, MAU

드디어 나의 첫 번째 프로젝트가 출시된다.

프로젝트를 진행하면서 멘탈이 조금 흔들렸지만 포기하지 않고 끝까지 해냈다.

나 김뽀식, 한다면 하는 사람이니까! 하핫

뿌듯한 웃음을 짓자, 팀장님이 수고했다며 내 어깨를 토닥여줬다.

팀장님   뽀식님, 이제 시작입니다! 결과는 숫자로 보여주셔야 해요!

　　　　DAU, WAU, MAU 잘 체크해서 보고해줘요.

뽀식이   (디에이 뭐요?)

DAU(Daily Active Users)
: 하루 동안 방문한 순수 사용자 수

WAU(Weekly Active Users)
: 일주일(7일) 동안 방문한 순수 사용자 수

MAU(Monthly Active Users)
: 월간(30일) 방문한 순수 사용자 수

📖 DAU, WAU, MAU

하루, 일주일, 한 달 동안의 활성 사용자(Active User) 수를 의미한다.

DAU(Daily Active User)

하루 동안 방문한 순수 사용자 수를 집계하는 것으로 게임, 메신저 등 사용 빈도가 높은 앱의 주요 지표로 활용된다. 서버 부하를 비롯한 트래픽 관련 변동비 추정 및 최적화와 연관이 깊다.

WAU(Weekly Active User)

일주일(7일) 동안 방문한 순수 사용자 수를 집계하는 것이며, 매일 접속할 필요 없는 모바일 은행과 같은 앱에서 주로 활용되는 지표다.

MAU(Monthly Active User)

월간(30일) 방문한 순수 사용자 수를 집계하는 것으로, 수치가 크기 때문에 비즈니스를 설명하는 데 주로 인용된다. 하지만 실제적인 유저의 활성화 정도를 파악하기 어려운 단점도 있다.

─────────────────────────────────────

친절한 뽀식 ^{pick} 더 알아두면 좋은 정보! ⋯⋯⋯⋯⋯⋯⋯⋯⋯⋯⋯⋯⋯⋯

요즘 핫한 플랫폼이 궁금하다면 MAU를 참고하라!

모바일 시장을 열심히 공략 중인 회사들은 자신들이 요즘 '핫하다'는 것을 MAU를 활용해 어필한다. 토스가 잘나간다는 기사들에서는 경쟁사 뱅킹 앱보다 MAU가 높다는 수치를 이용한다. 또 틱톡은 MAU가 10억 명을 돌파했을 때, 다른 플랫폼(페이스북, 유튜브 등)이 8년이나 걸린 것을 본인들은 5년 만에 해냈음을 강조했다. 다만, MAU는 큰 맥락에서 고객의 움직임 파악이 가능할 뿐 세밀한 분석을 위해서는 WAU와 DAU 지표도 함께 보아야 한다는 점을 잊지 말자!

차라리 알프스를...
PU, ARPU, ARPPU

이 김뽀식의 아이디어로 출시한 서비스의 유저 수가 엄청 늘었다!

역시 잘될 줄 알았다! 하하하!

신이 나서 팀장님에게 칭찬을 받으러 달려가니,

어쩐지 표정이 좋지 않아 보인다.

팀장님 잘했어요, 뽀식님! 그런데 생각보다 ARPU가 너무 낮게 나오네요.

ARPPU를 낮추더라도 저가 상품을 추가해 PU를 늘리는 건 어떨까요?

뽀식이 (제가 알아들은 건 알프스밖에 없는데요?)

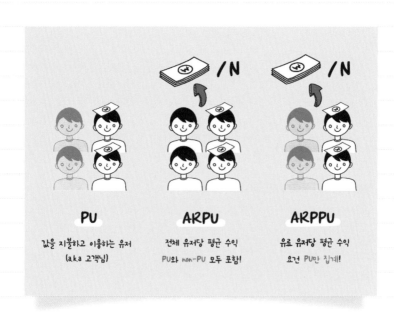

256

📖 PU Paying User

유료 유저 수(결제한 유저 수)를 말한다.

📖 ARPU Average Revenue Per User

유저별 평균 매출을 의미한다. 쉽게 말해 객단가, 즉 한 명의 유저가 평균 얼마를 지출했는지 알 수 있는 지표다.

ARPU = 총매출 / 총유저 수

📖 ARPPU Average Revenue Per Paying User

유료 유저별 평균 매출로, 결제자 객단가를 의미한다. 즉 한 명의 유료 유저가 평균 얼마를 지출했는지 알 수 있는 지표다.

ARPPU = 총매출 / 총 유료서비스 구매 유저

친절한 뽀식 ᵖⁱᶜᵏ 더 알아두면 좋은 정보! ....

예시로 계산해보자!

유저 5명 A, B, C, D, E가 게임을 하다가 A가 1,000원, B가 1,000원, C가 1,000원을 결제했다면?

- **PU** 3명
- **ARPU** 600원(3,000원/5명)
- **ARPPU** 1,000원(3,000원/3명)

LTV! 신규 텔레비전?
LTV

이번엔 신규 고객 유입 프로모션이다!

모름지기 프로모션에서 중요한 건 고객님에게 드릴 선물이 아니겠는가?

열정의 김뽀식!

요즘 핫한 여행상품부터 스포츠카까지 빵빵한 선물을 팀장님에게 제안했다.

말을 끝내고 나니, 팀장님의 얼굴이 조금 굳어졌다.

팀장님　뽀식님, 아이디어는 좋은데 우리 최신 데이터로 LTV를 먼저 알아볼 수

　　　　있을까요?

뽀식이　(텔레비전을 선물로 알아보라는 건가요?)

한 명의 유저가 유입되어 사용을 종료할 때까지 창출한 가치(수익)의 합을 의미한다. 유저당 매출액의 측정 및 예측을 위한 지표로, LTV로 장기적인 관점에서 투입할 마케팅 투자 금액도 산출이 가능하다. 예를 들어, 백화점 등에서 VIP 멤버십을 만드는 것도 LTV를 높이기 위한 전략이라고 할 수 있다.

친절한 뽀식 *pick* 더 알아두면 좋은 정보!

LTV 7% → 26% 증가 사례

<u>Gogii Games의 보상형 동영상 광고 도입!</u>

· 앱 내 구매와 프리미엄에 주력했지만, 보상형 동영상 광고 도입 후 수익이 2배 가까이 증가했다고 한다.

· 게임 제작 비용을 고려해 30일 이내 이탈하는 고객보다 90일 이내에 이탈하는 고객에게 5% 이상의 수익을 더 내기 위해 집중한다.

· 플레이어가 적극적으로 반응하는 보상형 동영상 광고의 도입 이후 LTV가 향상했다고 한다.

바다에서 찾지 마세요!
해적지표

팀장님이 기분이 좋은지 콧노래를 부른다.

그런데 어쩐지 익숙한 멜로디다?!

명탐정 김뽀식! 멜로디의 정체가 만화영화 〈원피스〉 주제가인 것을 눈치챘다.

조용히 노랫말을 따라 부르고 있는데, 팀장님이 말을 걸었다.

팀장님   오 뽀식님, 대박! 이 노래 알아요? 그런 의미에서 이번 주는 해적지표 중

         Acquisition(획득)에 집중해보는 것으로 해요!

뽀식이   (해적왕이 되는데, 지표가 필요하나요?)

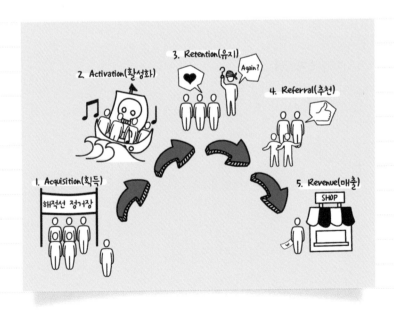

📖 해적지표 AARRR

사용자가 제품 혹은 서비스를 사용하는 행동 방식을 5단계 지표로 구분한 프레임워크다. AARRR(아르르르!)가 마치 해적이 내는 소리 같다고 해서 해적지표라고도 불린다.

- **Acquisition(획득)** 어떻게 서비스를 처음 접하는가?

  平가지표 트래픽, 신규 방문자 수 등

- **Activation(활성화)** 어떻게 서비스를 처음 이용하는가?

  平가지표 이탈률, 페이지별 이동 경로 등

- **Retention(유지)** 사용자는 서비스를 다시 이용하는가?

  平가지표 재방문율 등

- **Referral(추천)** 사용자는 다른 사람에게 서비스를 추천(공유)하는가?

  平가지표 추천 유입 수, 공유 수 등

- **Revenue(매출)** 사용자의 활동이 매출로 이어지는가?

  平가지표 구매 전환율, LTV 등

친절한 뽀식 ^{pick} 더 알아두면 좋은 정보!

해적지표의 퍼넬(깔때기) 모형

해적지표는 종종 오른쪽의 그림처럼, 퍼넬(깔때기) 형태로 표현된다. 왜냐하면 사용자는 각 단계를 거치면서 꾸준히 이탈하기 때문이다. 또한 Referral(추천)과 Revenue(매출)는 제품 혹은 서비스의 특성이나 목표에 따라 우선 순위를 바꿔서 배치가 가능하다.

해적지표의 깔때기 모형

Acquisition(획득)
▼
Activation(활성화)
▼
Retention(유지)
▼
Referral(추천)
▼
Revenue(매출)

알지 못해 미안해~
Entrance, PV, UV

신입사원 렛잇고!

김뽀식의 감성이 통했다!

회사 블로그는 이제 내가 관리한다!!

대~박! 내가 회사 블로그를 맡다니,

이제 새벽 2시 감성으로 콘텐츠를 책임지겠다!

팀장님 뽀식님, 블로그 PV랑 UV 확인하면서 관리해주세요!

뽀식이 (UV는 유세윤이랑 뮤지 아닌가요?)

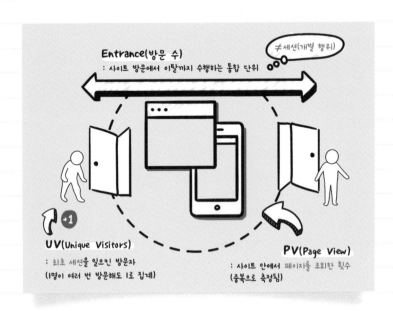

📖 Entrance 방문 수
......

웹사이트 방문에서 이탈까지 수행하는 통합 단위를 의미한다.

📖 PV Page View
......

사이트 안에서 페이지를 조회한 횟수다.

📖 UV Unique Visitors
......

순방문자 수로 최초 세션을 일으킨 방문자를 말한다. 웹페이지에 방문한 사람의 수를 의미하며, 일반적으로 IP를 기준으로 30분 단위로 쪼개서 계산한다.

───── pick ─────
(친절한 뽀식 더 알아두면 좋은 정보!) ......

UV는 같지만 PV가 5배 차이?

	평균 UV	평균 PV
A 사이트	100	100
B 사이트	100	500

여기서 B 사이트에 대해 추정해볼 수 있는 것은?

- B 사이트에 A 사이트보다 좋은 정보가 많아 방문자가 사이트 내 많은 페이지들을 구경한 경우
- B 사이트의 설계가 복잡하게 되어 있어, 여러 페이지를 들어가야 방문자가 원하는 정보를 알 수 있는 경우
- B 사이트가 조회 수와 연관된 마케팅을 진행해 방문자가 마구 새로고침(F5)을 눌렀을 경우

저는 회사에서 이탈하고 싶어요~

이탈

드디어 구독 서비스를 출시했다.

고객의 취향을 설문으로 파악해 구독하게 한다면...

돈 벌 생각에 웃고 있는 나와 달리 팀장님의 표정은 좋지 않았다.

뽀식이   팀장님, 저흰 곧 넷플릭스가 될 거예요!

팀장님   무슨 소리 하시는 거예요. 뽀식님.

뽀식이   저희 설문만 끝나면 고객들이 구독하지 않겠어요? 촤하하하

팀장님   아, 저희 구독을 유도하는 설문의 이탈률이 너무 높아서요.

        설문 문항을 좀 바꾸거나 조정해야 할 것 같아요.

뽀식이   (이탈...? 고객님아, 이 서비스를 떠나지 마오.)

📕 이탈 Churn

유저가 서비스 이용을 중지하고 떠나는 것을 의미한다. 일반적으로 일정 기간을 설정하여 이탈한 고객의 비율을 이탈률이라고 부른다. 서비스 제공자는 언제 어디서 이탈하게 되었는지 원인을 파악해 서비스를 개선하기 위해 노력해야 한다.

─── 친절한 뽀식 ^{pick} 더 알아두면 좋은 정보! ───

대표적인 이탈의 종류

- **매출 이탈률(Revenue Churn)**   이탈로 인해 매출이 감소한 비율이다. 계약 해지에 의한 MRR(266쪽 참조) 손실을 말한다. 예를 들면, 매달 100만 원을 지불하는 3곳의 고객사가 계약 해지를 했을 경우 그 달의 매출 이탈률은 300만 원이 된다.

- **고객 이탈률(Customer Churn)**   이탈한 고객의 비율이다. 월초에 정액으로 서비스 구독 금액을 지불하고 있는 고객사가 100곳 있다고 하고, 해당 월에 5개사가 이탈하면 그달의 고객 이탈률은 5%가 된다.

- **매출 손실 이탈률(Gross Churn)**   이탈로 인해 손실된 매출 비용의 비율이다(해당 월에 손실된 MRR / 시작 월의 MRR).

- **순이탈률(Net Churn)**   해당 월에 손실된 MRR에 업 세일즈로 인한 MRR을 고려한 이탈 비율을 의미한다[(해당 월의 손실된 MRR – 업 세일즈를 통한 MRR) / 시작 월의 MRR].

- **음수 이탈률(Negative Churn)**   순이탈률이 마이너스로 돌았을 경우. 업 세일즈로 늘어난 MRR이 계약 해지로 인해 손실된 MRR보다 많은 경우 발생한다.

MRR...? 므ㄹㄹㄹㄹㄹ라!?
MRR

창밖에는 눈발이 날리지만 회사에는 봄이 왔다.

다가오는 봄을 준비하기 위해 곳곳에서 회의가 열렸기 때문이다.

벚꽃, 따스함 등이 언급되는 걸 보니 '또다시 봄이 오겠구나' 하는

생각이 드는 찰나 낯선 단어가 들렸다.

박 차장 올해 MRR과 내년이 왜 이렇게 크게 차이 나지?

김 대리 구독 상품이 지난달부터 추가되었는데 그게 반영되어 그런가 봐요.

　　　　　　1년 구독이거든요.

박 차장 이 정도의 차이면 구독 쪽에 좀 더 힘을 실어 봐도 좋겠네.

뽀식이 (MRR... 므ㄹㄹㄹㄹㄹㄹㄹㄹ라! 드롭더비트?)

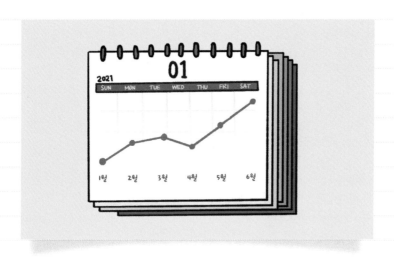

▐ MRR Monthly Recurring Revenue

월간 반복 매출, 즉 월간 구독 형태의 서비스를 제공하는 경우 매출과 성장을 측정하는 가장 기본이 되는 지표다. 매달 안정적으로 반복 발생하는 수입이기 때문에 비용이 커질수록 기업의 재정 안정성이 확보된다.

※ 연간 구독 서비스를 제공하는 경우 12로 나눠 계산한다.

─── 친절한 뽀식 ^{pick} 더 알아두면 좋은 정보! ─────────────

구독 서비스에서 MRR의 의미

넷플릭스를 필두로 수많은 기업들이 구독 서비스를 하고 있다. 국내에서도 활발하게 사용되는 쿠팡 와우, 네이버 플러스 등도 결국에는 구독 서비스다. 이런 구독 서비스에서 MRR은 절대적인 가치를 지닌 지표다. 앞서 말한 것과 같이 MRR의 우상향은 무척 긍정적인 신호이지만 이 숫자를 넘어서 어떻게 진행되고 있는지를 보는 것이 중요하다. MRR을 더욱 세분화해 살펴보기 위해 보통은 아래와 같이 5개의 분류를 사용한다.

- **신규 MRR(New MRR)** 새로 우리 구독 서비스를 신청한 신규 유저 MRR
- **확장 MRR(Expansion MRR)** 기존 구독 유저가 더 비싼 가격의 구독 요금제로 업그레이드한 MRR
- **재방문 MRR(Reactivation MRR)** 이전 구독 유저가 구독을 재연장한 경우의 MRR
- **수축 MRR(Contraction MRR)** 기존 구독 유저가 더 낮은 가격의 구독 요금제로 다운그레이드한 MRR
- **이탈 MRR(Churned MRR)** 기존 구독 유저가 구독을 해지하고 이탈한 MMR

CAC쓰리 하는데 얼마나 들어요?
CAC

새롭게 예산이 배정된 뽀식이네 팀!
예산을 어떻게 사용할 것인지에 대해 회의를 열게 되었는데...

뽀식이 저희 사이트 신규 방문자 유입을 위해서 광고를 조금 돌렸으면 해요!

이 대리 목적이 유입인지? 아님 회원가입까지인지가 중요할 것 같은데?

뽀식이 고객 유치를 해야 하니 회원가입까지 생각하고 있습니다!

이 대리 그럼 CAC 비용 한번 잡아보고 예산 정리해보시죠!

뽀식이 (CAC....C...CAC..? Coast...action...cost... 인가...?)

CAC Customer Acquisition Cost

한 명의 신규 고객을 유치하는 데 드는 비용을 의미한다. 비즈니스 모델에 따라 신규 고객은 무료, 유료 고객 모두에게 적용될 수 있다.

─── 친절한 뽀식 ^{pick} 더 알아두면 좋은 정보! ···

CAC는 어느 정도가 적당한가?

· 창업가 닐 파텔(Neil Patel)은 "LTV(258쪽 참조)는 CAC의 3배 이상이어야 한다"라고 했다.

· 적정한 CAC는 없지만 우리가 모두 알고 있듯 CAC는 적을수록 좋다.

· 고객을 유치하는 이유는 우리 서비스나 제품을 사용하게 하기 위함이기 때문에 CAC는 LTV와 밀접한 관련이 있다.

· 고객이 우리 서비스나 제품에 소모하는 비용이 크다면 CAC가 그것에 비례해 증가할 수 있지만, LTV보다 CAC가 높을 경우엔 지속적인 운영이 어려울 수 있다.

CVR...씨...브이...알? 네?
CVR

따르르르릉! 따르르르릉!

맙소사. 다른 팀원들은 전부 외출한 상태!

떨리는 손으로 전화기를 드는 김뽀식. (다른 손엔 포스트잇 필기 장전!!)

광고주   전월 성과보고서 방금 확인했어요. 트래픽은 괜찮은데

         CVR이 너무 낮네요?

뽀식이   (여기서 욕을?) 아, 네 전월 씨흐이형(흘려 말하기)이 낮은 편이더라고요.

광고주   이번 달엔 CVR을 최대한 높여서 매출을 많이 올려봅시다.

뽀식이   (두 번이나 말했어?) 넵. 그렇게 해보겠습니다!

270

📕 CVR ConVersion Rate

전체 방문자 중 전환*을 완료한 사람(=고객이 될 수 있는 방문자)의 비율을 의미한다.

※ 온라인 서비스에서의 전반적인 CTA(220쪽 참조) 반응
예 CVR 값이 크다 = 전체 페이지 구조와 사용자의 동선(고객 구매 여정)이 좋다.

___ pick ___
[친절한 뽀식 더 알아두면 좋은 정보!] ························

CVR은 어떻게 올리지?
· **CTA의 영향력 높이기**
  '지금 구매하기', '장바구니에 넣기'와 같은 CTA 버튼을 독자적으로 배치
· **인센티브 제공하기**
  예 신규 가입 시 적립금 제공
· **지불의 고통 최소화하기**
  더 쉽고 덜 불쾌한 정보부터 요구, 전체 양식을 한 페이지에 담기보다는 세분화
· **마케팅 챗봇 등 다양한 수단 사용하기**
  예 장바구니에 물건만 담아두고 구매하지 않는 고객에게 적립금 정보 안내

CVR 산출하려면 '기간 설정'이 필요
· 보통 1개월 단위로 기간을 정하는 것이 일반적이다.
· 설정한 기간 동안의 구매 횟수를 체크하여 CVR을 산출한다.

나느으은! 박새ROI
ROI

나 김뽀식! 새로운 프로젝트에 투입됐다!

새해 새로운 마음으로 잘해봐야지!

이것저것 찾아보고 아이디어를 정리해서 킥오프 미팅 때 보여드렸더니

미팅이 끝난 후 자리에 앉자마자 팀장님에게서 메시지가 왔다.

팀장님   뽀식님, 이번 프로젝트 ROI는 어떻게 나올 것 같아요?

뽀식이   ROI요...? 제가 박새로이는 아는데...

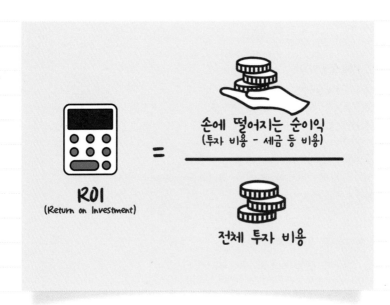

ROI
(Return on Investment)

$$\text{ROI} = \frac{\text{손에 떨어지는 순이익 (투자 비용 - 세금 등 비용)}}{\text{전체 투자 비용}}$$

📕 ROI Return On Investment

투자 비용 대비 이익의 약어로 경영 성과 측정을 위해 고안된 방법이었으나 최근에는 경영뿐 아니라 일상 속에서도 광범위하게 쓰이는 용어다.

ROI 계산하는 법

이익(수익에서 비용을 제외한 값)/투자한 금액×100

예를 들어, 100만 원의 투자 비용으로 200만 원의 이익이 발생했다면, 200만 원 / 100만 원×100 = 200%이므로 ROI는 200% 달성한 것으로 볼 수 있다. 다만, 여기서 중요한 것은 이익이라는 점이다. 매출에서 각종 마케팅 진행, 제작비, 부대비용 등을 제외한 이익으로 계산해야 한다.

친절한 뽀식 ^pick^ 더 알아두면 좋은 정보! ....

ROI와 관련해 많이 듣는 ROAS!

처음 ROI와 ROAS(276쪽 참조)를 접할 경우 헷갈리기가 쉽다. 두 지표 모두 광고 혹은 캠페인 등이 얼마나 효과가 있었는지를 확인하는 지표이기 때문이다.

두 지표의 가장 큰 차이는 이익과 수익이다!

광고, 마케팅 등을 집행하는 클라이언트의 경우 ROI에 집중하게 되고, 광고, 마케팅 등을 시행하는 입장에선 ROAS로 광고의 성과에 집중하게 된다. 물론 이것은 상황과 어떤 광고, 마케팅이냐에 따라 차이가 생기기 마련이므로 유심히 살펴봐야 한다. 또 ROAS는 ROI와 달리 매출 베이스의 지표이기 때문에, ROAS 수치가 좋더라도 ROAS만으로 이익이 나고 있는지 판단하기는 어렵다는 점을 기억해야 한다.

스타벅스 대신, 뽀식의 프리퀀시는 어떤가?
프리퀀시

제품의 리뉴얼 홍보를 맡은 날, 심장이 바운스 바운스 떨린다.

내 심장 소리가 밖으로 들리는 건 아니겠지?

홍보를 어떻게 하면 좋을까, 안절부절하면서 여러 웹사이트를 서칭했다.

역시 어디에서나 뜨는 배너광고가 최고인가?

이런저런 생각에 빠져있는 찰나에 팀장님이 말했다.

팀장님　음, 뽀식님이 배너광고 중심으로 찾아보는 것 같은데...

　　　　혹시 프리퀀시는 생각해보셨어요?

뽀식이　스타벅스 프리퀀시요?

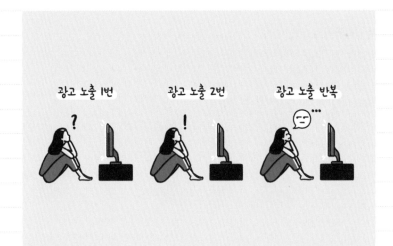

📖 프리퀀시 Frequency

한 사람에게 광고를 노출시키는 횟수를 의미한다.

프리퀀시 빈도

- **프리퀀시가 너무 낮은 경우** : 인지율이 떨어져 클릭률 저조
- **프리퀀시가 너무 높은 경우** : 피로도가 증가해 클릭률 하락

이쯤에서 퀴즈!

디지털 매체에서 100명의 모수(고객)에게 100회 광고를 노출시킬 수 있다면, 다음 중 어느 방법이 가장 효과적일까?

> 1. 100명의 모수에게 1회 노출시킨다.
> 2. 10명의 모수에게 10회 노출시킨다.
> 3. 1명의 모수에게 100회 노출시킨다.

한 번 고민해보세요!

> **1. 100명의 모수에게 1회 노출시킬 경우**
> 대부분은 1회 노출된 광고를 잘 기억하지 못하는 경우가 많고, 자신에게 타깃팅된 광고가 아니라면 클릭할 가능성이 매우 낮다.

> **2. 10명의 모수에게 10회 노출시킬 경우**
> 10회 정도 지속적으로 광고에 노출되었을 경우 반복인지로 인해 모수가 클릭할 가능성이 높아진다.

> **3. 1명의 모수에게 100회 노출시킬 경우**
> 비효율적인 광고 집행의 사례라고 볼 수 있다. 리타깃팅 캠페인처럼 모수가 적은 경우가 아니고서야 이와 같은 방식은 실제로 집행될 가능성이 매우 낮다.

디지털 매체에서는 매체, 노출 위치, 예산, 타깃에 따라 다양하게 노출 전략을 세우고 있다. 위의 어느 방법이 옳다 그르다고 말할 수는 없지만, 대부분의 캠페인의 경우 적정 수준의 노출 전략을 세워 집행 후, 결과에 따라 노출 전략에 변화를 주는 방식으로 운영하고 있다.

달달한 로이스 말고 로아스
ROAS

오랜만에 팀장님의 얼굴이 밝다!

한동안 야근을 하며 광고 타깃을 피봇(068쪽 참조)한

캠페인의 성과가 잘 나왔기 때문이다.

오랜만에 밝은 웃음을 보이는 팀장님을 보니,

괜히 김뽀식마저 기분이 좋아졌다.

팀장님 뽀시이이익니임!! 우리 로아스(ROAS)가 무려 300%라구요!!

대박!! 너무 좋죠?!

뽀식이 (저는 로아스보다, 로이스 초콜릿이 좋아요.)

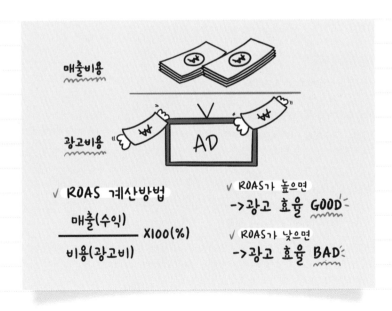

📕 ROAS Return On Ad Spend

광고 집행 비용 대비 매출 수익률을 의미한다.

ROAS 계산하는 법

ROAS = (광고에 따른 매출액 / 광고 집행 비용) × 100(%)

ROAS에 따른 광고 효율 해석

ROAS가 높으면? = 광고 효율이 좋다.
ROAS가 낮으면? = 광고 효율이 나쁘다.

친절한 뽀식 _pick_ 더 알아두면 좋은 정보! ....

원가율이 높을수록 광고 효율이 좋아야 한다?!

원가율이 낮다면(마진이 높다면) → ROAS가 낮아도 이익을 낼 수 있다.
원가율이 높다면(마진이 낮다면) → ROAS가 낮으면 손해로 직결될 수 있다.

하지만 현실은 ROAS를 어느 수준 이상으로 높이기 어렵다. 따라서 비즈니스에 따라 활용 가능한 2가지 전략이 필요하다.

- 광고 캠페인을 진행하는 동안 적자가 나더라도, 잔존율을 높여 광고를 집행하지 않는 동안에도 반복 구매를 일으켜야 한다.
- 잔존율을 기대하기 힘들다면 ROAS를 잘 살펴가며 광고비를 조율해야 한다.

어메이징 어뷰징!
어뷰징

애정을 담았던 블로그 마케팅 결과를 확인하는 날!

우리 제품을 홍보해줄 파워블로거를 직접 리스트업 하고,

작성된 글에 만족했던 김뽀식!

긴장 반, 기대 반으로 검색을 했는데 이게 무슨 일인가?

아무리 검색해도 상위 노출이 안 된다!

속상한 마음으로 결과물을 팀장님에게 전달했더니

의아한 표정으로 내게 말했다.

팀장님 뽀식님, 고생하셨어요. 혹시 어뷰징은 확인해보셨나요?

뽀식이 (어메이징!? 어뷰징이 범인..?!)

📖 어뷰징 Abusing

의도적으로 클릭수를 늘리기 위한 여러 조작 행위를 말한다. 상업적인 목적으로 다중의 계정을 만들거나 특정 프로그램을 통해 클릭수를 조작하기도 한다. 어뷰징이 높으면 해당 글이 스팸처리되거나 검색에서 누락될 확률이 높다고 할 수 있다.

친절한 뽀식 ^{pick} 더 알아두면 좋은 정보!

이럴 때 어뷰징을 의심할 수 있다!
- 제목과 내용이 다른 낚시성 콘텐츠의 경우
- 제목과 연결한 하이퍼링크를 다르게 넣은 경우
- 복사 후 붙여 쓴 콘텐츠만 다량인 경우
- 같은 콘텐츠로 도배하는 경우
- 키워드를 남용해 사용한 경우
- 신뢰성이 의심되는 경우

검색을 만나느라 SA, SA, SA
SA

김뽀식의 입꼬리는 지금 통제불능 상태다.

회사에서 신규 주력 제품 라인을 출시함과 동시에

대대적인 리브랜딩을 진행할 예정이고

그중에서도 홈페이지 리뉴얼을 이 김뽀식이 맡게 된 것이다.

수많은 콘셉트 디자인 시안과 목업들을 파헤치던 중

조기축구회 8년차 박 과장님처럼 날카롭게 치고 들어오는 팀장님의 한마디!

팀장님   뽀식님, 바쁘겠지만 리뉴얼 론칭에 맞춰 SA 진행해줄 업체도 서치해
          주세요.

뽀식이   SA? AS? 로꾸거인가요?

포털사이트(네이버, 다음, 구글 등)에서 검색했을 때 최상단에 나타나도록 집행하는 광고를 말한다. 특정 검색어를 입력한 유저들이 홈페이지에 방문하기 때문에 효율이 높으며, 주로 고객이 클릭할 때마다 광고비를 지불하는 CPC(Cost Per Click) 형태로 진행된다.

친절한 뽀식 ^{pick} 더 알아두면 좋은 정보! ·····································

검색 광고의 장점

- **명확한 고객 타깃으로 인한 높은 효율**
  소비자들은 화면 상단에 주목하기 때문에 CTA는 화면 상단에 배치하는 것이 가장 좋다고 한다. 언바운스에 의하면 CTA를 상단부에 배치했을 때 전환율이 41%나 증가한 결과가 나왔다고 한다.

- **저렴하고 합리적인 광고비**
  TV 광고, 신문 광고 등 다른 광고 상품에 비해 상대적으로 저렴한 비용으로 광고 집행이 가능하다. 키워드 인기도 및 광고 클릭량에 따라 광고 비용이 책정되므로 광고 예산 범위 내에서 합리적인 광고 집행이 가능하다고 할 수 있다.

- **광고의 효율성 측정 가능**
  몇 번의 광고가 노출되었고 몇 명이 광고를 클릭했으며, 몇 명이 구매로 이어졌는지에 대한 데이터 측정을 통해 구체적이고 정확한 광고 효과 분석이 가능하다.

- **정교한 타깃 확장이 가능**
  검색어별로 구매 고객, 잠재 고객 등으로 세그먼트를 구분하여 리타깃팅이 가능하다.

베이컨 토마토..? 햄버거?
ATL, BTL

오후 1시 30분.

정신줄 놓기 딱 좋은 시간이다.

컴퓨터 앞에 앉았지만 정신이 혼미하다.

유체이탈을 경험하려던 바로 그 순간!!

가출할 뻔한 내 영혼을 붙잡는 팀 메신저 알림

팀장님   ATL 광고 효율이 예상보다 떨어지네요.

김 대리   다음 캠페인은 BTL쪽에 좀 더 힘을 실어볼까 합니다.

뽀식이   (참깨빵 위에 순쇠고기 패티, 베이컨 두 장, 신선한 토마토, 양상추...?)

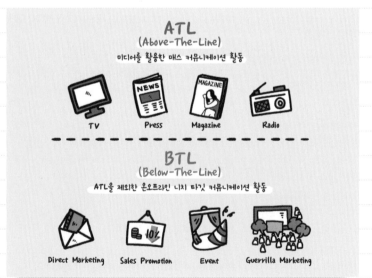

📖 ATL Above The Line

TV, 신문, 라디오, 잡지 등 전통 광고 매체와 포털, SNS 등 뉴미디어를 통한 매스 커뮤니케이션 활동을 의미한다. 인지도나 가시도 제고, 정보 제공, 이미지 어필 등을 위해 주로 활용하며, 브랜드를 최대한 많은 사람에게 노출하는 것이 핵심이다.

📖 BTL Below The Line

이벤트, 전시, 스폰서십, PPL, CRM, PRM 등 ATL을 제외한 모든 소비자 커뮤니케이션 활동을 의미한다. 선호도, 호감도, 충성도 제고 등을 위해 주로 활용되며, 타깃 소비자와 브랜드의 상호작용(경험 및 체험)이 핵심이다.

친절한 뽀식 *pick* 더 알아두면 좋은 정보! ⋯⋯⋯⋯⋯⋯⋯⋯⋯⋯⋯⋯⋯⋯⋯⋯⋯⋯⋯

ATL과 BTL의 유래

- 영수증 내역 상단 리스트 → ATL(TV 매체 대행 수수료, 신문 매체 대행 수수료)
- 영수증 내역 하단 리스트 → BTL(프로모션 서비스 요금, PPL 서비스 요금)

청구서 상단엔 TV, 신문 등 매체 대행 수수료가, 청구서 하단엔 프로모션, PPL 등 광고 서비스 요금이 적혀 있는데, 이렇게 매체 사용 유무에 따라 선을 그어 나눈 것이 ATL과 BTL의 유래라고 한다.

솔플보다 트리플
트리플 미디어

오늘부터 코로나19 대응 차원에서 우리 회사는 전 직원 재택근무를 한다!

집에서도 김뽀식의 파워 열일모드는 계속된다!

경쟁 피티의 자료 조사를 위해 컴퓨터 앞에 앉았지만 금세 고민에 빠졌다.

음… 자료 조사는 무엇부터 시작해야 하는 거지?

띠링~! 때마침 팀 메신저가 울렸다.

팀장님　이번 제안서는 트리플 미디어 전략을 토대로 작성해보려고 해요.

　　　　뽀식님, 관련 케이스 스터디 자료 준비 부탁할게요.

뽀식이　트리플이요..? (의자로 세게 트리플 악셀을 돈다.)

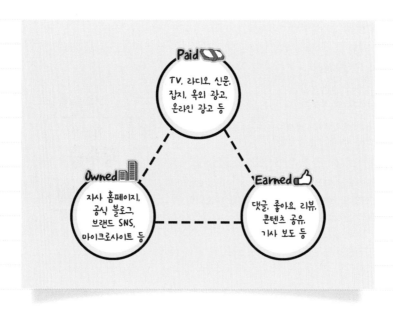

📕 트리플 미디어 Triple Media

페이드(Paid), 온드(Owned), 언드(Earned)의 3가지 미디어를 지칭하는 용어다.

페이드(Paid) 미디어

비용을 지불하고 사용하는 미디어로, TV, 라디오, 신문, 잡지, 옥외 광고, 온라인 광고 등을 포함한다.

온드(Owned) 미디어

브랜드가 자체적으로 소유하고 있는 미디어로, 자사 홈페이지, 공식 블로그, 브랜드 SNS, 마이크로사이트 등을 포함한다.

언드(Earned) 미디어

소비자의 반응을 통해 형성된 브랜드에 대한 평판, 사실상 고객에게 가장 큰 영향을 미치는 미디어를 말한다. 댓글, 좋아요, 리뷰, 콘텐츠 공유, 기사 보도 등이 여기에 포함된다.

※ 트리플 미디어의 핵심은 언드 미디어가 널리 형성될 수 있도록 하는 것이다.

친절한 뽀식 ^{pick} 더 알아두면 좋은 정보!

미디어별 사용 및 전략 방법

· **페이드 미디어** A/B 테스트(286쪽 참조)를 진행하여 구매 전환율 분석까지 가능하며, 방문율과 반응률을 통해 고객들의 소비 행동을 측정할 수 있다.

· **온드 미디어** SNS 이벤트 및 댓글 관리와 같은 방법을 이용하여 소비자와의 직접적인 커뮤니케이션을 할 수 있으며, 이를 통해 고객의 선호도와 활동을 데이터화할 수 있다. 이메일(뉴스레터) 발송을 통해, 선호 기사 및 클릭률, 다운로드 수를 측정하여 성과 분석을 할 수 있다.

· **언드 미디어** 최근에는 인플루언서를 활용한 언드 미디어 집행이 활발하게 이루어지고 있다. 브랜드의 톤앤매너(240쪽 참조)와 어울리는 인플루언서와의 미디어 집행을 통해 직접적인 고객의 반응을 데이터화 할 수 있다.

혈액형 검사 아닙니다
A/B 테스트

눈물겹던 취업준비를 뽀개고, 뽀식이도 오늘부터는 신. 입. 사. 원.

'첫 직장, 첫 출근, 그리고 첫 회의... 초반 기선제압이 중요하다...'

뽀식이는 기세 좋게 회의실에 들어가 아이디어를 마구 쏟아냈다.

열정 넘치는 회의가 마무리되자, 팀장님은 아빠 미소를 지으며 말했다.

팀장님　이번에 뽀식님이 낸 아이디어를 포함해서 A/B 테스트를 해보죠!

뽀식이　(병원도 아니고, 혈액형 테스트는 왜 하지?)

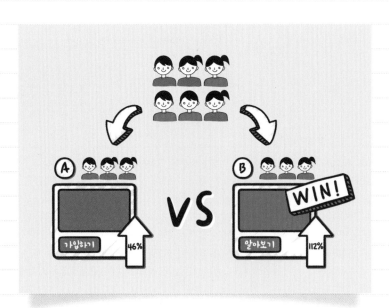

📕 A/B 테스트

2가지 시안 중 최적안을 선정하기 위한 실험법으로, 특정한 2개 그룹으로 분류해 서로 다른 시안에 대한 반응을 비교하여 인과관계를 밝히는 것을 말한다. A/B 테스트는 서비스 개선, 마케팅 등의 목적으로 온오프라인 비즈니스에서 많이 사용한다.

친절한 뽀식 ᵖⁱᶜᵏ 더 알아두면 좋은 정보!

넷플릭스는 프로그램 소개 화면이 바뀐다?

넷플릭스는 들어갈 때마다 똑같은 작품이어도 작품 소개 화면이 바뀌는데, 소개 화면을 바꾸는 것 또한 유저가 반응하는 최적화된 이미지를 찾기 위한 넷플릭스의 A/B 테스트다.

코호트 분석은 뭘 하는 거죠?
코호트 분석

새로운 사이트의 고객 분석 보고서를 쓰고 있는 뽀식이.

고객의 특성에 맞게 분류하고 분석하고 싶은데, 분석 능력이 부족한 건지...

한참을 헤매다 대리님에게 도움을 청해보기로 했다.

뽀식이　이 대리님! 제가 사이트에서 신규구매 고객이랑 재구매 고객 구매량에

　　　　대해서 분석하고 싶은데요!

이 대리　아, 코호트 분석을 하려고요?

뽀식이　(코트...분석? 코트 구매자 분석하려고 하는 게 아닌데...?)

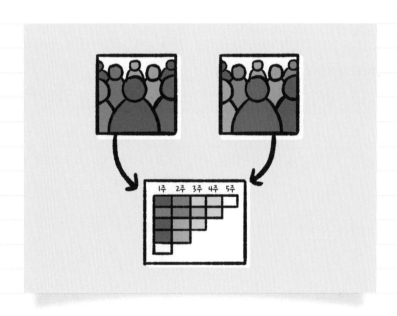

📖 코호트 분석 Cohort Analysis

유사한 행동 패턴을 나타내는 고객들을 그룹화하여 분석하는 방법이다. 매출, 구매량 등 전체적인 데이터보다는 동일한 성격을 가진 집단의 고객을 분석하는 방식으로, 예를 들어 신규구매 대 재구매, 메인 배너 클릭 고객 대 클릭하지 않은 고객 등이 있다.

──── 친절한 뽀식 *pick* 더 알아두면 좋은 정보! ····································

코호트 분석을 쉽게 하는 방법

구글 애널리틱스(Google Analytics)에서 코호트 분석을 할 수 있는 보고서가 있다. 분석이 필요한 데이터가 구글 애널리틱스상에 기록되어 있다면 보고서 템플릿으로 제공되어 활용하기에 따라 분석에 용이하게 사용할 수 있다.

코호트 분석의 장점

고객을 구분지어 그룹으로 분류할 수 있고 이렇게 분류된 그룹에 따른 행동 패턴 추적이 가능하다. 즉 코호트 분석을 통해 우리 고객에게 맞는 좀 더 설계된 마케팅, 기획 등을 할 수 있다.

오늘 단어는 NRU입니다. 그런데 이제...
NRU

뽀식이네 팀은 운영 중이던 서비스에 칼을 갈아 만든 신규 기능을 업데이트했다.
업데이트 이후, 그래프 높은 줄 모르고 올라가는 신규 유저 수에
새로고침을 연달아 누르며 기쁨을 외치고 있던 뽀식이.

뽀식이 대리님! 대리님! 저희 서비스 가입자 수가 엄청 빨리 올라가요!

김 대리 정말 잘됐네요! NRU 지표 잘 정리해주세요. 그래야 우리 마케팅 방향

성을 잡을 수 있으니까!

뽀식이 (NRU.... NRG는 아닐텐데... 뽀식 둥절)

■ NRU New Registered Users

새로 가입(결제)한 유저의 수(=신규 가입자)를 말한다. 주로 서비스 론칭 직후 혹은 프로덕트에 큰 규모의 변동이 있을 때 성과 지표로 활용된다. 프로덕트의 운영 기간이 늘어남에 따라 NRU는 자연 감소하는 것이 일반적이지만 프로덕트의 수명을 연장하기 위해서는 꾸준하게 NRU 지표를 관리하여 신규 사용자를 유입하는 것이 필요하다.

──── pick ────
(친절한 뽀식   더 알아두면 좋은 정보!) ··

NRU와 알아두면 좋은 이용자 수 관련 용어

- DAU/WAU/MAU   1일, 1주, 1달 동안의 활성 사용자 수
- PU(Paying User)   유료 유저 수(결제한 유저 수)
- ARPU(Average Revenue Per User)   유저별 평균 매출
- ARPPU(Average Revenue Per Paying User)   유료 유저별 평균 매출
- MCU(Maximum Concurrent User)   최대 동시 접속자 수
- 이탈   유저가 서비스 이용을 중지하고 떠나는 것

병원 가면 CT 찍던데 그런 건가?
CTR

화창한 모니터만큼 화창한 오후!

오늘은 뽀식이가 맡아 집행한 광고 성과를 정리하는 날이다.

그런데... 생각보다 광고 효율이 좋지 않은 듯하다.

빼꼼빼꼼 파티션 너머로 눈치를 보고 있는데 팀장님이 말했다.

팀장님   이건 전환율이 생각보다 너무 낮네요. 뽀식님!

            CTR 얼마나 나왔어요?

뽀식이   (CT...? 건강검진 받고 오라는 얘기인가?)

📕 CTR Click-Through Rate

클릭률을 의미하는 용어로, 온라인 광고를 몇 명이 클릭했는지 측정하는 지표다. CTR을 사용하면 키워드 및 광고의 실적을 파악할 수 있다. CTR은 광고 클릭 횟수를 광고 게재 횟수로 나눈 값이다(클릭수 ÷ 노출수 × 100 = CTR).

예를 들어 클릭수가 5회, 노출수가 100회인 경우 CTR은 5%다. CTR이 높으면 광고가 사용자에게 유용하며, 사용자가 원하는 정보와 관련성이 높다는 것을 의미한다. CTR을 사용하여 실적이 우수한 광고 및 키워드와 개선이 필요한 광고 및 키워드를 파악할 수 있다. 키워드와 광고가 밀접하게 관련되고 비즈니스와의 관련성이 높을수록 사용자가 키워드 구문으로 검색한 후에 광고를 클릭할 확률도 높아진다.

친절한 뽀식 ^pick 더 알아두면 좋은 정보! ··

CTR과 함께 알아두면 좋을 CVR!

CVR(ConVersion Rate, 전환율)은 광고 노출이 얼마나 행동으로 전환됐는지를 측정하는 방법을 의미한다. 보통은 링크 클릭이나 구매와 같은 행동으로 이어진 정도를 측정하기 위해 CVR을 사용한다. 광고 캠페인의 CVR을 계산하기 위해서는 특정 행동으로 전환한 사람의 수를 광고를 클릭한 사람의 수로 나누고 100을 곱한다. 예를 들어, 1,000명이 광고를 보았고 20명이 구매로 행동을 전환했다면 CVR은 2%다.

CVR과 CTR을 함께 활용하기!

CTR은 광고를 본 사람 중 몇 명이 클릭했는지 알려주지만, 광고를 클릭한 후 무엇을 했는지에 대해서는 알려주지 않는다는 단점이 있다. 반면 CVR은 무엇을 했는지에 대해 보여준다. 그렇기 때문에 CTR과 CVR을 함께 사용해 분석하는 것이 광고 캠페인의 성과를 더욱 구체적으로 파악하는 데 도움이 된다. 예를 들어 CTR이 높지만 CVR이 낮은 광고는 사람들의 시선을 사로잡아 그들이 클릭하게 만드는 데 성공했지만, 특정 행동으로 전환되지 못했으므로 그 사람들이 애초에 의도했던 타깃층은 아니라는 것을 의미한다. 반대로 CTR은 낮지만 CVR이 높다면, 최적의 타깃이 해당 광고를 보고 들어왔고 실제로 행동의 전환도 발생했지만, 게재되는 곳이 적절하지 않아 많은 노출이 이루어지지 않고 있다는 것을 뜻한다.

삼VOC 더위 속에서도 고객님 생각뿐
VOC

심혈을 기울인 신제품 출시 이후 한 달!

하지만 어쩐지 실적이 애매모호하다.

'제품은 확실히 좋은데... 뭐가 문제일까'

뽀식이를 비롯한 팀원 모두가 마케팅, 유통 등등 가리지 않고

문제점을 찾기 위해 불철주야 노력하던 그때!

무언가 떠오른 듯 팀장님이 자리를 박차며 외쳤다.

팀장님　VOC! 이번 신제품 VOC 분석해봅시다!

뽀식이　(VOC...? 복...? 중복은 어제였는데요...?)

■ VOC Voice Of Customer, 고객의 소리

온오프라인에서 고객들이 제시한 의견, 제안 혹은 불만사항을 뜻하는 용어
다. 대부분의 기업에서 고객상담센터 등을 통해 고객의 의견을 접수하고 처
리하며 VOC를 측정 및 분석한다. VOC는 급변하는 경영 환경에서 전략을
세울 수 있는 중요한 단서가 되기 때문에 매우 중요하다. VOC를 무시할 경
우, 해결되지 않은 채로 남겨진 고객의 불만이 브랜드 평판 등에 영향을 미
쳐 기업 발전에 장애가 될 수 있다.

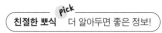

친절한 뽀식 ^{pick} 더 알아두면 좋은 정보!

VOC와 더불어 자주 쓰이는 CS!

CS는 Customer Satisfaction의 약자로, VOC를 파악하고 분석하여 고객의 요구와 기대에 부
응함으로써 고객의 신뢰가 계속해서 이어지는 상태를 뜻하는 고객 관리 용어다.

체리필터?

체리피커

100명에게 손소독제를 나눠주는 이벤트를 진행했다.

고생하는 의료진들에 비하면 별거 아니지만

그래도 뭔가 사람들에게 도움이 된다는 거 하나로 뿌듯하다.

뽀식이　　@뽀식컴퍼니 팔로우, 좋아요, 리그램 완료하였습니다!

　　　　　여기서 도대체 100명을 어떻게 뽑지... 정신이 아득해진다.

팀장님　　뽀식님, 무슨 일 있어요?

뽀식이　　아 팀장님... 당첨자 뽑기가 너무 힘들어서요.

팀장님　　아~ 체리피커가 너무 많죠? 이벤트에 항상 몰리더라고요.

뽀식이　　체리피커요...? (팀장님도 체리필터 좋아하시나? Sweet little kitty~)

■ 체리피커 Cherry Picker

기업의 상품이나 서비스를 구매하지 않고 혜택이나 사은품 등 이득만을 골라 가져가는 소비자, 즉 체리(=이득)만 골라먹는 사람이라는 뜻이다. 본래는 신용카드 회사의 특별한 서비스 혜택만 누리고 카드는 사용하지 않는 고객을 가리킨다.

─── pick
(친절한 뽀식 더 알아두면 좋은 정보!) ···

디마케팅(Demarketing) 전략

마케팅(Marketing) 앞에 부정을 뜻하는 디(De-)를 붙여 제품이나 서비스에 대한 수요를 의도적으로 줄이는 전략을 의미한다.

* 안정적인 물량 확보가 불가능하여 수요가 쏟아지면 감당하지 못해 '배송지연으로 인한 별점 테러' 등의 부정적 결과가 예측될 때 활용한다.
* 제품의 특수성 때문에 도서산간 지역 거주자 등 특정 집단에게 판매 시 오히려 손실이 생길 때 활용한다.
* 수익성 없는 타깃에 대한 접근을 최소화하고 수익성 있는 대상에게 집중하려면 상당히 유용하게 활용할 수 있다.

세 번째와 같이 체리피커를 피하기 위해 우량 고객을 단계별로 구별하고 각종 혜택을 지급하는 등 차별화 서비스를 제공하기도 한다.
예 유튜브 프리미엄, 옥션 스마일 클럽, 쿠팡 로켓 와우 등

앱이 잘 검색되지 않으면, A/S? ASO!
ASO

우리 팀의 피땀 눈물로 만들어진 그 앱!

출시하자마자 긍정적인 평가를 받으며 앱스토어 상위 랭킹을 달성했던 그 앱!

그 앱이 최근 들어 평점이 조금씩 낮아졌다.

스토어 리뷰도 아쉽다는 이야기가 늘었다.

'난… 가끔…

눈물을 흘린다…'

뽀식이는 촉촉해진 눈가를 훔치고, 눈물이 떨어진 폰 화면을 닦았다.

팀장님 뽀식님, 너무 속상해하지 마세요! 우리 ASO로 앱 랭킹을 다시 높여보죠!

뽀식이 ASO요? A/S를 한다고요…?

앱스토어 최적화, 즉 앱스토어 내 앱의 가시성과 전환을 증대시키기 위한 모든 활동을 의미한다. 예를 들어, 앱스토어 제목 및 키워드 관리, 앱 아이콘 및 스크린샷 최적화, 리뷰 관리 등이 여기에 속한다.

친절한 뽀식 ^{pick} 더 알아두면 좋은 정보!

ASO 키워드 선정 쉽게 하는 법

앱스토어의 키워드, 순위, 트래픽, 혼잡도 수치를 트래킹할 수 있는 분석 툴인 센서타워(https://sensortower.com/)를 활용해볼 수 있다. 이 툴을 통해 같은 카테고리 앱들의 키워드 검색, 원하는 키워드 트래픽, 혼잡도 체크(5개까지 무료), 우리 앱의 키워드로 추가하기 등을 할 수 있다.

Saehae bok Many Okay?
SMO

올해 마지막 출근 일인데 일찍 들어가라고 하지 않을까.

본부장님 자리를 슬쩍슬쩍 보는 뽀식이의 모니터엔

트위터, 페이스북, 유튜브 창들이 열려 있다.

이 대리 (같이 본부장님 자리를 보며) 뽀식님 어디 보세요?

뽀식이 아! 저! 그게! 저 경쟁사 SNS 채널 분석하고 있어요!

이 대리 아~ 요즘 우리 브랜드 SMO 작업을 뽀식님이 한다고 했던가?

뽀식이 (SMO...? 스모...? 일단 모르니 대답부터 하자!)

　　　　제가 SNS 운영 담당하기로 했어요!

300

인스타그램, 페이스북, 트위터, 유튜브 등 소셜미디어를 활용하는 마케팅이다. 운영하는 브랜드의 톤앤매너(240쪽 참조)에 맞추어 소셜미디어를 최적화하는 작업이며, 소셜미디어나 커뮤니티에 브랜드를 홍보하는 것 또한 SMO라 할 수 있다.

친절한 뽀식 *pick* 더 알아두면 좋은 정보! ·······························

인플루언서 마케팅이란?

최근 SNS 마케팅에서 빠질 수 없는 것이 인플루언서다. 인플루언서(Influencer)란 '영향력을 가진 사람'이라는 뜻으로 '크리에이터'라 불리기도 하며, 중국에서는 '왕훙'이라 표현하기도 한다. 이런 인플루언서를 통해 브랜드를 직간접적으로 홍보하는 마케팅을 인플루언서 마케팅이라고 한다.

7장

디자인 및 개발

잘 만든 걸 왜 깨라고 하는 거예요!
폰트 아웃라인

오늘도 뽀식은 일을 한다.
새롭게 진행되는 행사를 홍보하는 리플릿의 일러스트 파일을
디자이너에게 전달받았다.
일정이 잘못 적혔네... 하지만 글자 정도는 혼자 고칠 수 있지!
일러스트 열고 수정하던 와중에 한 통의 전화가 울린다.

뽀식이 안녕하세요! 김뽀식입니다.

이 과장 안녕하세요. 뽀식님! 프로모션 팀 이 과장입니다. 그... 리플릿 원본
　　　　　전달해주실 때 폰트 아웃라인으로 깨서 주세요!

뽀식이 (폰트 아웃라인...? 깨라고...? 폰트가 그렇게 이상한가....)

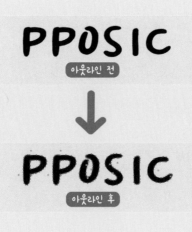

📖 폰트 아웃라인 Font Outline

아웃라인 폰트라고도 하며, 글자의 외곽선만 남기는 형태를 의미한다. 폰트를 확대 및 축소하는 상황에서 원래의 디자인이 훼손되지 않게 하기 위해서 이러한 방식을 사용한다. 대부분의 인쇄 작업 시에 폰트 아웃라인 작업이 필요하며 CMYK 형식으로 작업한다.

친절한 뽀식 ^{pick} 더 알아두면 좋은 정보!

일러스트에서 폰트 아웃라인 작업을 할 때는?

- 일반 컴퓨터 : [Ctrl] + [↑ Shift] + [O]
- 매킨토시 : [⌘ Command] + [Shift] + [O]

포토샵에서 폰트 아웃라인 작업을 할 때는?

텍스트를 레이어화 하여 이미지 작업한 후 폰트를 클릭해서 문자 래스터화 하기

그리스 로마 신화에서 본 것 같은
세리프, 산세리프

창밖에 흐드러진 벚꽃을 바라보는 김뽀식의 마음은 간질간질하다.

월요일이니까 월차를 써볼까... 하는 찰나

김 대리　뽀식님, 방금 주간회의 마쳤는데 앞으로 사외보 제작 업무를 뽀식님이
　　　　　함께 담당해줬으면 해요. 괜찮죠?

뽀식이　네 물론이죠! (주먹 불끈)

김 대리　그럼 일단 처음이니까 이번 달은 원고 넘어오면 교열 한 번 봐주시고, 디
　　　　　자이너랑 페이지별로 디자인 구성은 어떻게 할지 상의해보세요. 참고
　　　　　로 본문 폰트는 디자인 지침상 세리프로 해야 하는 것 명심하시구요.

뽀식이　(세리프? 요정 이름 같은데 작가 예명인가?)

306

📖 세리프 Serif

뽀식 글자 획 끝에 꼬리 또는 삐침이 있는 글씨체로 고전적인 이미지가 강한 폰트 계열을 말한다. 세리프체는 크기가 작은 형태로 사용될 때 글자가 또렷하고 가독성이 높아 보는 사람들에게 피로감이 덜하다는 특징이 있다.

㉲ 명조체, 바탕체, Times New Roman 등

📖 산세리프 Sans-serif

뽀식 세리프에 프랑스어로 '없는'이란 뜻을 가진 산(Sans)이 결합되어 세리프가 없는 폰트 계열을 말한다. 삐침이 없어 깔끔하고 현대적인 느낌을 주며 멀리서도 잘 보여 판독성이 높다. 주로 제목, 또는 모바일앱, 온라인 사이트 등 본문 내 여백의 여유가 없는 곳에 주로 사용된다.

㉲ 고딕체, 돋움체, Helvetica, Futura 등

친절한 뽀식 *pick* 더 알아두면 좋은 정보! ....

요즘 명품 로고 타입이 바뀌는 이유

타이포그래피에서 세리프는 우아하고 고급스러운 느낌을, 산세리프는 세련되고 현대적인 느낌을 주는 것으로 알려져 있다. 최근 많은 명품 브랜드의 로고 타입이 세리프에서 산세리프로 변화하고 있는데, 여기에는 3가지의 해석이 주를 이루고 있다.

- 빅로고 트렌드의 부활로 해당 브랜드를 멀리서도 한눈에 알아볼 수 있도록 하기 위한 것이라는 의견
- 명품의 주요 구매 고객 연령이 점차 낮아짐에 따라 영(young) 타깃에게 어필하기 위해 세련된 브랜드 이미지를 전달하기 위한 의도라는 해석
- 온라인과 모바일 명품 구매가 늘어나고 있고, 명품 브랜드들도 온라인 세일즈를 적극적으로 이용하기 시작하면서 조금이라도 온라인에서 가독성을 높이기 위한 선택이라는 시각

배경을 투명하게 해주세요!
누끼

우리 팀에서 새로운 브랜드를 론칭했다.

론칭과 동시에 여러 팀에서 브랜드와 관련된 자료를 요청했다.

정신없이 전화와 메일을 쳐내고 있는데...

따르르르릉!(그만 좀 전화하자...ㅠㅠ)

들숨 날숨 챙기며 수화기를 들자 프로모션을 담당하고 있는

김 대리님의 목소리가 들렸다.

김 대리   뽀식님. 혹시 이번에 제작한 포스터에 쓰인 캐릭터의 누끼 땄나요?

뽀식이   (누리끼리...하다는 말씀이신가...?)

📖 누끼

배경 등을 제거하여 원하는 대상과 배경을 분리해 대상만 남겨 놓는 것을 말한다. '빼다'라는 의미를 가진 일본어에서 파생된 말로, 누끼 작업을 하거나 요청할 때 '누끼 딴다'라는 표현으로 사용한다.

친절한 뽀식 ^{pick} 더 알아두면 좋은 정보!

확장자.png

대부분의 누끼 이미지의 확장자는 png이다. 배경을 투명하게 저장하기 위해서는 반드시 png로 저장해야 한다. 누끼를 잘 따고 jpeg로 저장하면 배경색이 함께 저장된다. 따라서 누끼 이미지를 확인할 때에는 확장자가 png인지 살펴봐야 한다.

우리 서비스 BI 파일을 달라구요?
BI

뽀식이네 회사에서 새로운 브랜드를 출시했다!
눈이 펑펑 오는 어느 날, 디자인 회의에 참석한 뽀식!

최 디자이너   그나저나 우리 BI 디자인은 일정을 어떻게 하면 좋을까요?

이 디자이너   우리 색상 톤은 어떻게 잡죠? 대표 제품이 초록색이니까

             초록색으로 할까요?

최 디자이너   아... 그렇다고 꼭 초록색으로 할 필요가 있을까요?

             우리 정체성이...

뽀식이   BI...? (내가 아는 건 비와이...뿐인데...영원히 비와이?)

말 그대로 브랜드의 아이덴티티, 즉 브랜드의 정체성을 표현하며 브랜드의 이미지를 시각적으로 정착시키기 위한 로고나 색상 등을 포함한다. 고객의 입장에서는 해당 브랜드의 첫인상이자 전체적인 콘셉트를 파악하는 첫 경험이기에 브랜드에서 중요한 부분을 차지한다.

친절한 뿌식 ^{pick} 더 알아두면 좋은 정보!

좋은 BI의 조건

보통 여러 서적, 사례를 보면 좋은 브랜드 디자인은 단순하고 가독성이 좋고 기억하기 편하며, 유행을 타지 않고 다용도로 사용할 수 있으면 좋다(Simple, Legibility, Memorable, Timeless, Versatile)고 한다. 다만, 각 브랜드의 특성에 따라 이 5가지 속성의 우선순위가 달라질 수 있으니 절대적인 것은 아니다.

CI라는 것도 있던데?

CI는 Corporate Identity의 약자로 기업이 가진 문화나 개성을 이미지로 표현하며 기업의 정체성을 나타낸다. CI는 보통 BI를 포용할 수 있는 좀 더 큰 콘셉트로 설계된다.

뚝딱뚝딱
와이어프레임

웹사이트 스토리보드를 정리하느라 주말까지 반납하고 열심히 일한 김뽀식!

메일로 완성된 문서를 보내고 한숨을 돌리고 있는데

자리에서 쓰윽 일어나는 팀장님.

팀장님	(비장한 표정으로) 뽀식님!
뽀식이	저.... 저요?
팀장님	디자인 팀에 와이어프레임을 언제쯤 확인할 수 있는지 물어봐주실래요?
뽀식이	(와이어랑 프레임이요...? 공사장으로 가야 하나요??)

📖 와이어프레임 Wireframe

제품을 구성하는 서로 다른 레이아웃을 간단한 모양만을 사용하여 인터페이스를 시각적으로 묘사한 것이다. 와이어프레임은 디자이너가 디자인의 현재 진행 상태, 향후 비전, 작업 경로 등을 공유할 때 사용한다. 대부분의 디자인 요소가 포함되기 전 상태이기 때문에 인터페이스에서 생략된 부분은 자리 표시자*를 넣어 표현한다.

※ 이미지와 같이 실제 디자인 요소와 연결된 개체를 표현한 X표시 된 상자나 필러 텍스트

와이어프레임으로 확인할 수 있는 것
- 구조(페이지 요소의 구성 방식)   • 콘텐츠(페이지에 표시될 내용)
- 기능(인터페이스의 작동 방식)

와이어프레임 툴의 종류
- 펜과 종이
- 프레젠테이션 소프트웨어
  (파워포인트, 키노트)
- 그래픽디자인 소프트웨어(일러스트, 포토샵)
- UX 디자인 소프트웨어 등
  (스케치, 피그마, Adobe XD)

친절한 뽀식 ^pick^ 더 알아두면 좋은 정보! ⋯⋯⋯⋯⋯⋯⋯⋯⋯⋯⋯⋯⋯⋯⋯⋯

스토리보드와 프로토타입의 차이점
- **스토리보드(Storyboard)** 디자이너나 개발자가 참고하는 최종적인 산출 문서로, 정책, 프로세스, 콘텐츠 구성, 와이어프레임(UI, UX), 기능 정의, 데이터베이스 연동 등 서비스 구축을 위한 모든 정보가 담겨있는 문서다.
- **프로토타입(Prototype)** 인터랙션(동적 효과)을 적용해 실제 구현된 것처럼 시뮬레이션 할 수 있다. 사용자 경험에 대한 테스트를 진행해볼 수 있으며, 이 단계를 통해 리스크를 사전에 예방할 수 있다.

UI, UX... 너랑 나는 아니다...?
UI, UX

아침에 뇌를 깨우기 위해 모닝 커피를 한 잔 사들고 출근한 뽀식이!
어쩐 일인지 평소보다 회사가 분주하다.

뽀식이   팀장님 안녕하세요~ 무슨 일 있으세요?

팀장님   뽀식님 왔어요? 브랜드 담당자랑 웹사이트 리뉴얼 건에 대한

킥오프 미팅을 할 거예요!

뽀식이   오! 회사 웹사이트 리뉴얼해요?

팀장님   네, 담당자가 이번 프로젝트는 무엇보다 UI, UX가 제일 중요하다고 하

네요.

뽀식이   (You & I...? You...X? 너랑 나는 아니라구요...?)

📖 UI User Interface

사용자가 앱을 사용할 때 마주하는 디자인, 레이아웃, 기술적인 부분, 즉 사용자가 제품이나 서비스와 상호작용할 수 있도록 만들어진 매개체를 UI라고 한다. 디자인의 구성 요소인 폰트, 컬러, 줄 간격 등 시각적인 요소가 포함되며, 기술적인 부분은 반응성, 입출력 단계, 애니메이션 효과 등 여러 부분을 포함한다.

📖 UX User eXperience

사용자가 앱을 사용하며 발생한 경험을 분석하여 더 효율적인 방향으로 설계하는 과정 혹은 결과를 말한다. 사용자 경험을 분석하고 통계 낸 데이터를 기반으로 사용자들이 만족할 수 있도록 사용자 중심으로 설계하는 과정이다.

친절한 뽀식 ^{pick} 더 알아두면 좋은 정보! ⋯⋯⋯⋯⋯⋯⋯⋯⋯⋯⋯⋯⋯⋯⋯⋯⋯⋯⋯⋯

UI, UX의 차이점
- UI는 UX를 기반으로 시각적인 요소에 중점
- UX는 UI를 사용하는 사용자들의 경험(니즈)을 분석하여 보완하는 것에 중점

UI, UX의 상관관계
- UX로 유저들의 니즈 파악 → UI 업그레이드 → UX 만족감 상승 → UI 업그레이드
- UI, UX는 서로 다른 분야가 아닌 상호작용의 관계

진정 폭포를 의미하는 것인가?
워터폴

사내 온라인 교육 앱 개발 프로젝트에 투입된 뽀식.

이번 프로젝트는 회사 개발 리소스 부족으로 외주 개발을 맡긴다고 한다.

외주 개발 미팅이라니!(두근)

대리님과 함께 가니까 괜찮겠지?

외주사   요구사항은 어느 정도 정리되어 있으신가요? 자료 전달해주시면
          워터폴 방식으로 개발 진행하겠습니다.

뽀식이   (무슨 소린지 하나도 모르겠다! 원더풀이라고 하셨나요. 방금?)

■ 워터폴 Waterfall

'폭포'라는 사전적 의미 그대로 폭포에서 물이 떨어지듯 '기획 → 디자인 → 개발 → 테스트 → 오픈'의 각 단계가 순차적으로 진행되는 소프트웨어 개발 방법론이다.

워터폴 방법론에 대한 TMI

70년이나 된 방법론이지만 아직도 IT업계에서 많이 사용되고 있다. 이전 단계가 끝나야만 다음 단계로 넘어갈 수 있고, 폭포수가 거슬러 올라갈 수 없듯 이미 마무리된 단계는 다시 변경할 수 없다.

워터폴의 장점과 단점

- **장점** 요구사항이 정해진 상태에서 작업을 시작하기 때문에 관리가 용이하며 단계별 책임 소재가 명확하다.
- **단점** 이전 단계에서 잘못되거나 누락된 부분이 있을 경우 수정이 쉽지 않다. 또한 테스트 단계 전까지는 형태를 갖춘 산출물을 미리 확인하기가 어렵다.

도대체 워터폴과 무슨 관계죠?
애자일

뽀식이의 프로덕트는 대변신 중!

수많은 관찰과 분석, 그리고 보고를 거쳐 하나하나 형상화 해나가고 있다.

유에서 무를 창조하는 것과 유에서 유를 창조하는 것 중

어느 것이 더 고통스러울까 고민하던 뽀식이의 귀에 들려오는 대화...

박 책임 김 팀장님이 잡고 있는 프로덕트는 애자일로 시장 상황 보면서

디벨롭하는 것이 낫지 않아 보여요?

이 선임 에이... 김 팀장님도 다 계획이 있으시겠죠.

뽀식이 (모니터에 집중한 척 귀를 세운다.)

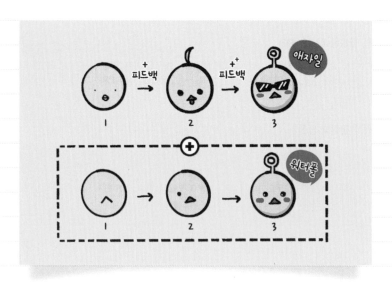

📖 애자일 Agile

민첩한 피드백과 상호협력을 주요 키워드로 하며, 다양한 변수에 즉각적이고 효율적으로 대응하는 사고 방식을 말한다.

최근 변화가 빠른 상황과 투명성이 중요한 상황에서 유용한 방법론으로 각광받고 있다. 계획과 절차에 의존하는 워터폴(316쪽 참조) 방식은 한 단계를 완료해야 다음 단계로 이동 가능한 순차적 개발을 지향하기 때문에 워터폴 방식의 대안으로 사용되기도 한다. 특별히 어떤 방식이 옳고 더 나은 게 아니라 상황과 프로젝트에 따라 다르게 적용되는 것이 포인트다.

친절한 뽀식 ^{pick} 더 알아두면 좋은 정보!

애자일은 어떤 조직에 필요할까?
"애자일은 해결해야 할 문제가 복잡하고, 변화가 잦고, 불확실성이 높은 상황일 때 성과를 촉진한다." 스크럼의 창시자인 제프 서덜랜드(Jeff Sutherland)는 모든 부서를 애자일 팀으로 조직할 필요는 없다고 말한다. 오히려 일부 부서의 업무 활동은 애자일 방식과 잘 맞지 않는다고 한다. 애자일은 여러 방법론 중 하나일 뿐이라는 것이다. 즉 애자일 기법을 성과 창출에 효과적이라고 알려진 환경과 조직에 도입하는 것은 좋은 의사결정이지만, 이미 효과적인 운영 기법을 가지고 있는 조직까지 유행을 따르듯 무조건적으로 도입할 필요는 없다.

깊은... 거짓?
딥페이크

광고 모델을 선정하기 위한 회의가 열렸다.
모두들 잔뜩 들뜬 얼굴로 의견을 냈다.

팀장님 아무래도 신뢰감을 줄 수 있는 연예인이 좋지 않을까요?
뽀식이 SNS도 생각하면 요즘 뜨고 있는 핫한 사람이 좋을 것 같은데...

한참의 회의 끝에 다양한 인물들이 나왔지만 결론이 나지 않았다.
지친 내색을 애써 감추던 팀장님이 말했다.

팀장님 이럴 바엔 그냥 이미지 다 조합해서 딥페이크로 광고를 찍고 싶네요.
뽀식이 (뿌리 깊은 거짓...? 대체 얼마나 깊길래?)

📕 딥페이크 Deepfake

인공지능(AI) 기술을 이용해 특정 얼굴 등을 영상에 합성한 편집물을 일컫는다. 합성을 통해 만들어진 가짜지만 사실과 같은 정밀한 콘텐츠를 생산할 수 있어 다양한 분야에서 활용되고 있다. 특히 엔터테인먼트 분야에서 배우나 가수 등 유명인이 직접 출연하지 않고도 영상 제작이 가능하다.

친절한 뽀식 ^{pick} 더 알아두면 좋은 정보! ······················

딥페이크를 이용한 버추얼 인플루언서(Virtual Influencer)

- 샤넬, 프라다도 딥페이크! 306만 명 팔로워를 가진 릴 미켈라(Lil Miquela)
- 제페토, 모여라 동물의 숲, 이케아 하라주쿠 매장까지 폭넓게 활동하는 이마(Imma)
- K-버추얼 인플루언서 등장! 가수 루이(Rui)

내로라하는 기업들이 버추얼 인플루언서와 콜라보하는 이유

'후킹하다'는 말을 들어본 적이 있을 것이다. 고객을 마치 낚시바늘처럼 훅(hook) 낚아 올리는 포인트를 후크포인트(hook point)라고 부르는데, 버추얼 인플루언서라는 새로 만나는 기술의 형상화가 여기서는 후크포인트라고 볼 수 있다.

이 버스는 어디서 타야 하죠?
메타버스

월요일 아침. 아직 월요일이라니...
결국 오고 말았구나.
참담한 마음으로 모니터를 바라보는 뽀식이.
어디선가 부장님의 목소리가 들려오는데...?

이 부장   크흠! 거 요즘 메타버스가 유행이라는데 우리 서비스에서도 활용할 수
　　　　 있는 방안들 좀 없나?
김 대리   (조용히) 에휴 또 어디서 듣고 오셨나 보네. 하...
뽀식이   (메타버스...? 그건 어디서 타야 하죠...?)

📖 메타버스 Metaverse

....

메타버스는 초월, 변화를 뜻하는 meta와 세계, 우주를 의미하는 universe가 결합된 합성어로, 가상과 현실이 상호작용하며 그 안에서 사회·경제·문화 활동이 이루어지는 세상을 뜻한다. 메타버스의 대표적인 사례로는 로블록스, 포트나이트, 제페토, 동물의 숲, 마인크래프트 등이 있다. 최근 활발하게 활동하고 있는 걸그룹도 메타버스를 활용하고 있다.

친절한 뽀식 pick 더 알아두면 좋은 정보! ....

메타버스 활용 레퍼런스

- **〈모여봐요! 동물의 숲〉에서 선거운동을!**
  조 바이든 대통령은 2020년 선거기간 동안 〈모여봐요! 동물의 숲〉에 '바이든 섬'을 열어 선거에 활용했다(바이든 섬의 접속 코드는 DA-7286-5710-7478라고!).

- **총 게임에서 하는 라이브 콘서트?!**
  FPS 게임 〈포트나이트〉는 메타버스를 활용해 래퍼 트래비스 스캇의 라이브 콘서트를 진행했다. 공연 당일 동시 접속자는 약 1,200만 명, 공연 수익은 2,000만 달러(약 221억 원)에 달했다고 한다.

인간 시대의 끝이 도래했다!
머신러닝

뽀식이네 회사는 요즘 재택근무다!

재택이지만 열심히 자료를 찾다가 인공지능에 대한 기사를 봤다.

다양한 사례들을 토대로 기술이 이만큼 발전했고,

결국엔 인공지능이 모든 일자리를 대체할 것이라는 내용의 기사였다.

불안감 반, 기대감 반과 함께

다시 업무에 집중하려는 순간, 메일 한 통이 도착했다.

✉ [필참] 4차 산업시대, 역량 강화를 위한 머신러닝 세미나

뽀식이   (휴먼러닝 당하는 중)

📖 머신러닝 Machine Learning

기계 스스로 경험적 데이터를 수집, 분석하고 학습해 스스로 성능을 향상시키는 기술을 말한다.

머신러닝의 3가지 종류

- 입력값(input)과 결과값(output)을 처음부터 주고 학습시키는 지도 학습
- 오로지 입력값(input)만을 이용하여 학습시키는 비지도 학습
- 어떤 일을 잘 해냈을 때 결과값 대신 리워드를 주는 방법으로 학습을 시키는 강화 학습

친절한 뽀식 ᵖⁱᶜᵏ 더 알아두면 좋은 정보!

인공지능, 머신러닝, 딥러닝의 차이

인공지능이란 컴퓨터 프로그램을 통해 인간처럼 이해하고 추론하고 사고하게 할 수 있는 방법이다. 자율주행차, 컬링 로봇, 의료 진단 시스템 등으로 유명한 머신러닝은 인공지능을 구현하는 방법 중 하나이며, 알파고를 통해 잘 알려진 딥러닝은 생물체의 뇌 구조에서 영감을 얻은 머신러닝 기법 중 하나다. 결론적으로 설명하면 '딥러닝 ⊂ 머신러닝 ⊂ 인공지능'이라 할 수 있겠다.

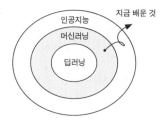

어디서 많이 들어는 봤죠?
클라이언트

대리님　어, 뽀식님! 드디어 돌아왔군요!

뽀식이　오랜만입니다, 대리님! 크...

외주처로 파견 나갔던 우리의 뽀식이.

까다로운 클라이언트의 최종 컨펌을 받은 뒤 강해져서 복귀했다!

감격에 겨워 눈물을 흘리고 있는 뽀식이에게

팀장님　뽀식군, 돌아오자마자 미안해요. 클라이언트에 무슨 문제가 있는 거

　　　　같은데요. 빠르게 확인 부탁드려요.

뽀식이　(존경해마지 않는 클라이언트께서 또...? 벌써 떨리는군...)

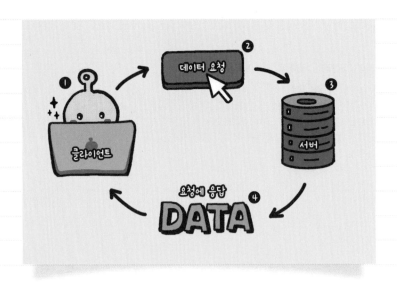

📖 클라이언트 Client

인터넷에 연결된 사용자의 디바이스, 또는 웹에 접근할 수 있는 소프트웨어를 의미한다. 사용자가 서버(328쪽 참조)에 접속하기 위해 사용하는 거의 모든 프로그램이 클라이언트라고 볼 수 있다.

(328쪽 참조)

친절한 뽀식 ^{Pick} 더 알아두면 좋은 정보!

프로그램에서도 활용되는 클라이언트?

클라이언트는 라틴어 Clientes에서 유래한 말로 후원자에게 자신의 문제나 요구를 요청하고 그것에 상응하는 대가를 지불하는 사람, 즉 피후원자라는 뜻이다. 이것이 현재는 고객, 의뢰인의 뜻으로 자주 쓰이게 되었고, 개발 쪽으로 넘어오면서 서버에 데이터를 요청하고 그에 상응하는 값을 받아온다는 의미를 기존 의미와 함께 넘겨받아 쓰이게 되었다.

문제가 생겼서버
서버

야근이 일상이 되어버린 뽀식이네 팀.

계속되는 야근에 무척 피곤하지만, 그래도 나에게 맡겨진 내 일이라는 것!

졸린 눈을 비비며 진한 에스프레소 한 잔을 사약처럼 들이키며 생각했다.

'이 또한 지나가리라...'

그런데 그때 팀장님과 김 대리님이 심각한 얼굴로 대화를 나누기 시작했다.

팀장님 아... 아무래도 서버에 문제가 생긴 거 같은데...

김 대리 그쪽 팀장님 늦은 시간에 연락하는 거 안 좋아하시는데... 후...

뽀식님, 연락 좀 해주실래요?

뽀식이 (서울살이... 참 버겁다...)

📕 서버 Server

....

클라이언트에게 네트워크를 통해 정보나 서비스를 제공하는 컴퓨터 시스템
으로 컴퓨터 프로그램 또는 장치를 의미한다. 서버는 우리가 원격 위치나 다
른 시스템에서 이미지, 비디오, 파일, 데이터, 웹페이지 등에 접근할 수 있도
록 도와준다.

친절한 뽀식 ^{pick} 더 알아두면 좋은 정보! ....

서버의 종류

각 서버는 특정 작업을 전문적으로 수행할 수 있도록 여러 분류로 나뉜다. 따라서 서버의 종류
도 굉장히 다양하지만 일단 대표적인 몇 가지에 대해 알아보자.

- **애플리케이션 서버**   사용자가 원격으로 액세스할 수 있는 애플리케이션을 호스팅하거나
  배포하는 서버다. 예 Apache Tomcat

- **웹서버**   웹페이지만 배포 가능한 서버로 애플리케이션은 배포하거나 호스팅할 수 없다.
  예 Apache

- **프록시 서버**   클라이언트와 서버의 중간에 위치하는 서버로, 클라이언트의 요청에 따라 각
  서버에 맞게 라우팅을 해주거나 어떤 정보 등을 추가해서 서버 혹은 클라이언트에 데이터를
  추가, 삭제하여 전달하는 서버를 말한다.

- **메일 서버**   전자 메일을 수락하고 원하는 수신자에게 전자 메일을 발송하는 역할을 수행하
  는 서버를 이른다.

- **데이터베이스 서버**   사용자가 데이터베이스에 연결할 수 있도록 하는 서버로, 사용자 정보
  나 사진, 동영상 등에 대한 정보를 담고 있다. 예 MySQL, MongoDB, Oracle

데이터베이스에 의하면 그럴 리 없습니다!
데이터베이스

예로부터 널리 알려진 사회생활의 기본 중 기본이 있었으니

바로 저장만이 살길이라는 것!

일을 아무리 잘하더라도 기본을 잊으면 한순간에 나락으로 떨어진다.

으아아아아아아아악!!!! 안 돼!!!!!!!!!!

비명소리를 들은 팀장님이 김 대리님 옆으로 달려와

함께 사태를 수습하고 팀원들에게 말했다.

팀장님   여러분, 데이터는 모두 데이터베이스에 잘 저장해두고 계시죠?

        기본 중의 기본이지만 절대 소홀히 해서는 안 됩니다!

뽀식이   (DataBase, DB...? 생명보험인가요...?)

📖 데이터베이스 DataBase

줄임말로 DB라고도 불리며, 여러 사람에게 공유해 사용할 목적으로 통합하여 관리하는 데이터의 집합을 의미한다. 프로그램을 개발하다 보면 프로그램 사용자들에 의해 생성된 데이터, 프로그래머가 필요에 의해 넣어 놓는 데이터 등 필연적으로 많은 데이터들이 생성되는데, 이때 데이터베이스를 사용하지 않으면 이 데이터들은 프로그램을 종료하는 순간(의지와 상관없이) 전부 증발하게 된다. 이러한 불상사를 막기 위해 데이터들을 데이터베이스에 넣어 보관하는 방법을 사용한다.

친절한 뽀식 ^{pick} 더 알아두면 좋은 정보!

- **식별자(Identifier)** 여러 개의 집합체를 담고 있는 관계형 데이터베이스에서 각각을 구분할 수 있는 논리적인 개념이다.
- **튜플(Tuple)** 테이블에서 행을 의미하며, 같은 말로 레코드(Record) 혹은 로우(Row)라고 부르기도 한다. 튜플은 릴레이션에서 같은 값을 가질 수 없으며, 튜플의 수는 카디널리티(Cardinality)다.
- **애트리뷰트(Attribute)** 테이블에서 열을 의미한다. 같은 말로 칼럼(Columm)이라고도 하며 애트리뷰트의 수를 의미하는 단어는 디그리(Degree)라고 한다.

뽀식대학 학생 정보 ●── 릴레이션 이름

─────── 애트리뷰트(열) ───────

학번	이름	성별	성적
20051201	김철수	남	85
20050315	이여희	여	95
20040527	홍길동	남	88
20031209	심청이	여	95
20040307	박희동	남	82

식별자 →

튜플(행)

─────── 애트리뷰트 값 ───────

라이브러리? 정답! 도서관(땡!)
라이브러리

경쟁사 유튜브 채널에 동영상이 새로 올라오면 아카이브를 해놓고 있는데,

매번 들어가는 것이 힘들어 친구에게 '크롤링' 도입을 추천받았다.

뭔가 파이썬이라는 언어를 써서 beatifulsoup... 아름다운 수프...?

그걸 써서 어떻게 한다던데... 하면서 며칠을 고민하고 있었더니

팀장님의 아름다운 등장!

팀장님   뽀식님, 여기서 라이브러리 통해 하면 더 빠르게 할 수 있어요!

뽀식이   (아! 사내 도서관에 뭐가 있나 보다!)

📖 라이브러리 Library

개발 분야에서 라이브러리는 프로그램의 특정 기능을 수행하도록 미리 짜여진 코드를 의미한다. 개발자가 브라우저에서 영상을 보는 기능을 개발하기 위해서는 복잡한 코드 작업이 필요하다. 하지만 이를 전부 개발하려면 난이도도 높고 시간도 오래 걸리는 단점이 있다. 라이브러리 안에는 구성 데이터, 문서, 도움말 자료, 메시지 틀, 미리 작성된 코드 등 복잡한 코드들을 미리 개발, 축적해두었기 때문에 라이브러리를 사용하면 훨씬 쉽고 빠르게 개발이 가능하다.

─── 친절한 뽀식 ᵖⁱᶜᵏ 더 알아두면 좋은 정보! ··

라이브러리 VS 프레임워크

프레임워크(356쪽 참조)는 코드의 큰 뼈대(Frame)를 제공하여 그 뼈대에서 개발할 수 있도록 도와준다. 라이브러리와 마찬가지로 개발자가 미리 만들어 놓은 코드라고 할 수 있다. 보통 개발을 할 때는 건축과 비슷하게 큰 틀(아키텍처)을 고려한 후 내부를 채워 넣는데, 그때 프레임워크는 개발의 큰 틀을 미리 잡아주는 역할을 한다.

라이브러리와 프레임워크의 큰 차이점은 제어 흐름의 주도권이 어디에 있는가에 있다. 프레임워크는 전체적인 흐름을 제어하고 있으며 개발자는 그 안에서 필요한 코드를 넣는 반면, 라이브러리는 개발자가 전체적인 흐름을 만들며 라이브러리를 사용하는 것이라고 할 수 있다.

내 소중한 데이터는 구름 위로 둥실

클라우드

오늘도 평화로운 점심시간,

문득 올려다본 하늘은 구름 한 점 없이 맑았다.

'오늘 날씨 참 좋다!'

맑은 날씨 덕분인지 의욕이 샘솟는 김뽀식.

오늘 하루도 보람차게 보내야겠다는 다짐과 함께 컴퓨터를 켰다.

그때! 하늘 같은 팀장님이 메시지를 보내왔다.

팀장님   뽀식님! 방금 전달드린 자료들, 모두가 공유할 수 있도록

　　　　 클라우드에 올려주세요.

뽀식이   (맥주 위에 자료를 올리라구요…?)

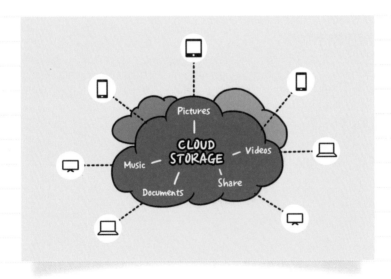

📕 클라우드 Cloud

인터넷에 연결된 서버에 다양한 자원을 저장, 설치해두고 필요로 하는 기기에서 사용할 수 있도록 해주는 시스템이다.

클라우드의 유래

클라우드는 2006년 당시 구글의 CEO였던 에릭 슈미트(Eric Schmidt)가 한 "데이터와 프로그래밍은 구름(클라우드) 속에 있으면 된다"라는 말에서 유래되었다고 한다. 당시 모식도로 인터넷을 표현할 때 구름 도형이 자주 사용되었기 때문에 이런 표현이 나온 것이다.

에릭 슈미트 구글 전(前) CEO
(출처 : 구글)

친절한 뽀식 *pick* 더 알아두면 좋은 정보! ⋯⋯⋯⋯⋯⋯⋯⋯⋯⋯⋯⋯⋯⋯⋯⋯⋯⋯

호스팅과 클라우드

- **웹호스팅** 웹호스팅은 하나의 건물에 여럿이 모여 사는 것과 같다. 모여 살면서 공용 수도와 전기를 이용하고 비용을 분담하는 것이다. 주로 트래픽이 많지 않은 일반적인 사이트들이 웹호스팅을 사용하면 비용 부담도 줄일 수 있다.

- **VPS호스팅** VPS호스팅은 층마다 독립적으로 살고 있어 서로 영향을 주지 않고 딱 사용한 만큼만 관리비를 내는 것과 같다. 웹호스팅보다 사이트의 성능이 좋아지고, 그만큼 호스팅 대비 비용도 높아진다.

- **서버호스팅** 건물주가 건물 하나를 마음대로 사용할 수 있는 것처럼 서버에 대한 최대의 통제 권한을 얻을 수 있다. 다른 사용자의 영향을 받지 않으며 가격 부담을 나눌 수 없어 웹호스팅이나 VPS보다 비용이 높아지며, 트래픽이 많은 대형 쇼핑몰 등에서 이용한다.

- **공간을 넘어 자유로운 클라우드** 여러 개의 수많은 건물을 많은 사람들이 자유롭게 이용하는 개념으로 공간이 더 필요하다면 금방 증축이 가능하다. 갑작스럽게 발생하는 높은 트래픽에 대응하기 쉽고, 문제가 생기더라도 서버 군에 있는 다양한 자원을 활용하여 빠른 시간 내에 복구할 수 있다. 더불어 이용한 영역만큼의 비용을 후불로 지불하게 된다.

인터넷 사용 기록이 아닌가요?
웹로그 분석

새로운 웹페이지를 론칭한 뽀식이네 팀.

팀장님과 최 과장님의 표정이 영 심상치가 않다.

심각해 보이는 대화에 쫑긋 귀를 기울이는데...

팀장님 우리 페이지에 들어오는 유저 수는 많은데 가입 완료까지의 비율은 높
지가 않네요.

최 과장 가입 과정에서 불편함이 있는 걸까요?

웹로그 추적 코드를 더 심어보겠습니다.

팀장님 네, 그리고 세부적인 이벤트도 추가로 세팅해야 할 것 같아요.

뽀식이 (추적?? 고객들을 쫓아가는 건가? 우리 팀이 언제 이벤트도 준비했지??)

📖 웹로그 분석

웹사이트에 방문한 사용자가 사이트 내에 남긴 흔적(Log)을 통해 누가, 언제, 어디서, 어떤 경로로, 어떤 페이지를 방문하여 페이지 내에서 무엇을 했는지를 분석하는 것을 의미한다. 대표적인 웹로그 분석 툴로는 구글 애널리틱스가 있다.

- **추적 코드** : 구글 애널리틱스에서 사용자의 쿠키값에 근거해 데이터를 추출하기 위해 심는 코드이며, 사용자를 식별하는 키라고 할 수 있다.
- **이벤트** : 구글 애널리틱스에서 추적 대상이 될 수 있는 콘텐츠와 사용자 간의 상호작용을 말한다.
  - ⓔ 동영상 재생, 회원가입 버튼 클릭 등

친절한 뽀식 ᴾⁱᶜᵏ 더 알아두면 좋은 정보! ....

구글 애널리틱스로 얻을 수 있는 인사이트란?

- 사이트 방문자가 어디에서 유입되었는지, 즉 구글 광고를 누르고 왔는지, SNS에서 링크를 누르고 왔는지 등 그 출처를 확인할 수 있다.
- 사이트 내에서 사용자가 어디를 방문해서 얼마나 머물렀는지, 그리고 어디에서 이탈했는지 등 사용자들의 행동을 파악할 수 있다.

맛있는 쿠키 대신?
쿠키

마케팅 팀에서 업무 요청이 왔다.

온라인 바이럴 프로젝트라고 한다.

요청 내용은 게시글에 댓글 달기?!

김뽀식은 모든 일에 최선을 다한다!

파워 타이핑으로 정성껏 댓글을 달고 있는데 팀장님이 내 옆에 왔다.

팀장님   뽀식님, 댓글 달 때는 쿠키 지우는 거 잊지 마세요.

뽀식이   (쿠키는 먹는 거 아닌가요?)

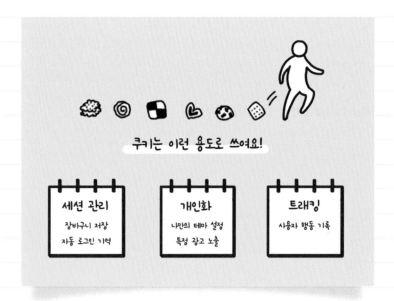

쿠키는 이런 용도로 쓰여요!

세션 관리
장바구니 저장
자동 로그인 기억

개인화
나만의 테마 설정
특정 광고 노출

트래킹
사용자 행동 기록

📖 쿠키 Cookie

사용자가 인터넷에서 활동하며 남긴 흔적을 의미한다. 쿠키는 이름, 값, 만료 날짜(쿠키 저장 기간), 경로 정보가 담겨 있는 작은 크기의 파일(4KB) 형태로 존재한다.

쿠키의 활용

- **세션 관리** : 장바구니 저장, 자동 로그인 기억
- **개인화** : 나만의 테마 설정, 특정 광고 노출
- **트래킹** : 사용자 행동 기록

친절한 뽀식 *pick* 더 알아두면 좋은 정보!

쿠키를 지우면 항공권 가격이 달라진다?

쿠키 삭제 여부에 따라 항공권 가격 변동이 있다는 속설이 있지만 실제 연관은 없다고 한다.

- **속설의 출발점**

  2000년, 아마존에서 쿠키 삭제 유무에 따른 '항공권 가격 변동'으로 소송이 진행된 적이 있었다. 쿠키에 검색 기록이 남아 있어 이 정보로 고객을 구분해 가격을 자의적으로 조정했다는 내용이 그것이다.

- **쿠키 삭제 방법**

  - 크롬 : [↑ Shift] + [Ctrl] + [Del]
  - 익스플로러 : [↑ Shift] + [Ctrl] + [Del]
  - 파이어폭스 : 상단 메뉴 중 도구 > 설정 > 개인 정보 > 최근 방문기록 삭제
  - 스윙브라우저 : 설정 > 고급설정 > 인터넷 사용 정보 삭제

반응형이 도대체 모에요?
반응형 웹

새로운 브랜드 론칭으로 신규 웹사이트 개발 외주 관리도 담당하고 있는 나!

하지만 현실은 외주 개발사와의 정기 미팅 때마다 난무하는 IT 용어에

정신이 혼미해지고 가슴이 답답해져 눈치껏 대답하고 오는 날이 대부분이다.

후... 나는 개발자가 아닌데... (훌쩍)

팀장님 뽀식님? 오늘 미팅 어땠어요? 이번 사이트 반응형 웹으로 진행되는 거

개발사에도 잘 전달했죠?

뽀식이 네? (웹이 어디에 반응해요?)

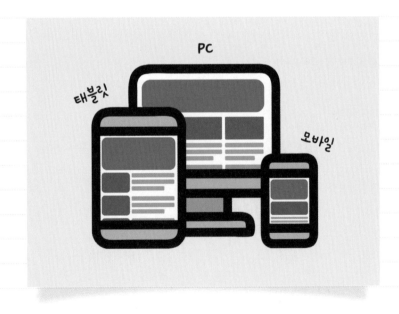

📖 반응형 웹 Responsive Web

PC, 모바일, 태블릿 등 디바이스의 화면 크기에 따라 레이아웃이 변경되는 웹을 말한다. 브라우저의 가로 폭이 바뀔 때마다 페이지 내에 있는 콘텐츠의 크기와 배치도 자동으로 변경된다.

반응형 웹의 장점은 하나의 웹사이트로 다양한 디바이스에 대응할 수 있어 사용자 입장에서는 어떤 디바이스로 접근하든 해당 기기에 최적화된 콘텐츠를 볼 수 있고, 개발자 입장에서는 하나의 웹만 개발하면 되기 때문에 업데이트, 유지보수, 디버깅이 용이하다. 반면 PC, 모바일, 태블릿 등 기기별 100% 최적화된 디자인이 어렵다(디자인의 자유도가 떨어진다.)는 단점도 있다.

친절한 뽀식 pick _더 알아두면 좋은 정보!_ ....

적응형 웹(Adaptive Web)

반응형 웹과는 달리 미리 웹브라우저가 동작할 기기(PC, 모바일, 태블릿 등)별로 레이아웃을 여러 개 만들고 사용자가 접속하는 기기의 조건에 따라 그중 하나를 보여주는 방식이다(네이버). 만약 PC에서 네이버에 접속하는 경우, www.naver.com으로 랜딩되고, 모바일 브라우저로 접속하면 주소창에 동일한 주소(www.naver.com)를 입력하더라도 네이버 모바일 전용 페이지인 m.naver.com로 전환되어 보인다.

랜딩 페이지? 이게 뭐지!
랜딩 페이지

요즘 새로운 프로젝트에 여념이 없는 뽀식이.

광고 시안 만들랴, 웹사이트 만들랴 정신이 하나도 없는 와중에

슬그머니 다가오는 팀장님.

팀장님 뽀식님! 우리 광고 랜딩 페이지는 캠페인 사이트인가요?

아님 오픈마켓?

뽀식이 (네? 랜딩 페이지...? 착륙... 착륙 페이지...?)

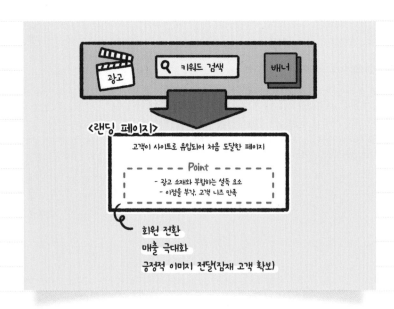

📖 랜딩 페이지 Landing Page

검색 광고, 뉴스레터, SNS, TV 광고 등 다양한 매체를 통해 고객들이 최초로 유입되는 웹페이지를 뜻한다. 온라인 광고에서는 대부분 하나의 링크를 사용하여 랜딩 페이지로 접근을 유도하는 역할을 수행한다. 예를 들어, 인스타그램에서 요가복 사진 밑에 있는 링크를 누르면, 요가복 판매 사이트로 이동하게 되는데, 이 요가복 판매 사이트가 마케터가 의도한 랜딩 페이지가 되는 것이다.

──── *pick*
(친절한 뽀식 더 알아두면 좋은 정보!) ···

랜딩 페이지 최적화

고객들이 랜딩 페이지로 이동했을 때, 사이트 내의 카테고리나 검색 기능 등이 고객의 니즈에 맞지 않을 때 고객은 해당 사이트에서 이탈할 수 있다. 그런 경우를 방지하기 위해 고객들이 랜딩 페이지에 들어왔을 때 찾아보고자 하는 내용들을 최적화하여 안내해주는 것을 랜딩 페이지 최적화(LPO, Landing Page Optimization)라고 한다.

그래서 챗봇 써보셨습니까 휴먼?

챗봇

띠리리리~ 띠리리리리~

사무실을 가득 메우는 전화벨 소리와

흔히 '알바톤(tone)'이라 불리는 높은 목소리.

오늘따라 빗발치는 문의 전화 세례에 뽀식과 동료들은 고통받고 있다.

마치 콜센터를 방불케 하는 사무실 풍경,

계속해서 같은 말을 로봇처럼 반복하느라

도무지 업무를 볼 수 없는 지경에 이르렀는데...

팀장님 휴... 전화만 받다가 하루가 다 가버렸네요. 앞으로 관련 문의는

챗봇 서비스로만 받도록 해야겠어요.

뽀식이 (문의는 고구마 호박이 먹고 싶은데... 호박 고구만가...)

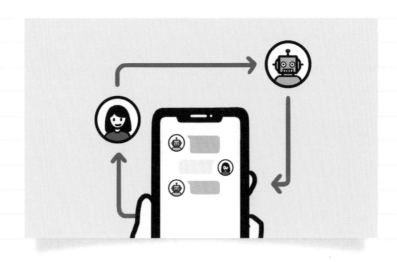

📖 챗봇 Chatbot

대화형 인터페이스상에서 규칙 또는 인공지능으로 유저와 상호작용하는 서비스이며, 주로 24시간 상담이나 마케팅 수단으로 사용한다. 단순히 정해진 질문을 입력하면 정해진 답변을 하는 폐쇄형 챗봇부터, 인공지능을 기반으로 상대방의 말을 분석하여 인공지능에 가까운 대화가 가능한 개방형 챗봇까지 다양한 챗봇들이 있다.

친절한 뽀식 ^{pick} 더 알아두면 좋은 정보!

무료 챗봇빌더

- Chatfuel
- wit.ai
- FlowXO
- 클로저(한국어 챗봇빌더, 챗봇 생성 3개, 누적 사용자 1천 명까지 무료)

이봐 SEO 씨 이것 좀 올려봐!

SEO

사회적 거리두기 기간 동안 살이 쪘다.

오늘부터 '한 달 다이어트'에 돌입한 김뽀식!

초록창에 '다이어트 하는 법'을 검색하고 있다.

뽀식이   전부 광고투성이야... '상품을 제공받아 작성된 후기'들이 너무 많아!!

팀장님   뽀식님 초록창 말고 다른 검색 엔진 써봐요.

            정보가 필요할 때는 여기가 낫더라고요.

뽀식이   앗 들으셨구나... 하하, 감사합니다. (긁적)

팀장님   그러고 보니 우리 저번 사용 후기 글들은 SEO 진행되었나요?

뽀식이   ㅇ_ㅇ...

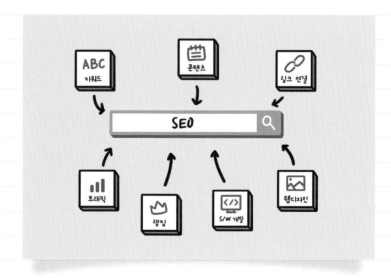

검색 엔진 최적화로, 웹사이트(콘텐츠)를 검색 결과의 상단에 위치시켜 트래픽을 높이는 것을 의미한다. 상단에 노출될수록 소비자가 쉽게 발견할 수 있다.

SEO의 종류

- **콘텐츠 SEO** : 검색 니즈에 맞춰 콘텐츠 자체를 최적화
- **테크니컬 SEO** : 작업 대상에 따라 사이트를 최적화

친절한 뽀식 ^{pick} 더 알아두면 좋은 정보!

검색 결과의 상단 노출이 중요한 이유

구글 검색 웹로그를 토대로 분석했을 때, 무려 91.5%의 트래픽이 첫 페이지에 집중되어 있다고 한다. 다시 말해 우리 제품이나 서비스와 관련된 키워드로 검색했을 때, 첫 페이지 검색 결과가 없다면 잠재 고객 트래픽을 얻을 가능성이 1/10 미만으로 낮아지게 되는 것이다.

HTTP Error 503. The service is unavailable.
HTTP 상태 코드

점심시간이다. 팀원들은 김치찌개를 먹으러 먼저 떠났다.

자리에 혼자 남은 김뽀식은 컴퓨터 앞에서 비장하게 손을 풀었다.

오늘 12시!

눈여겨보던 제품이 선착순 20명 대상으로 특가 할인을 하기 때문이다!

새로고침을 리드미컬하게 누르기 시작한다.

12시 00분.

화면이 천천히 뜬다.

컴퓨터 HTTP Error 503. The service is unavailable.

뽀식이 (부들부들…. 503% 할인해줄 거 아니면 좋은 말 할 때 떠라.)

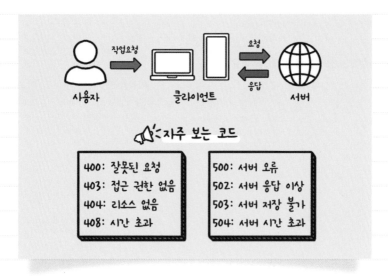

📓 HTTP 상태 코드

HTTP 통신 시 웹서버에서 결과(상태)를 알려주는 응답 코드를 의미한다. 인터넷 할당 번호 관리기관(IANA, Internet Assigned Numbers Authority)에 의해 정해졌으며, 코드명을 파악하면 현재 인터넷 상태를 알 수 있다.

자주 보는 코드

- **400** : 잘못된 요청
- **403** : 접근 권한 없음
- **404** : 리소스 없음
- **408** : 시간 초과

- **500** : 서버 오류
- **502** : 서버 응답 이상
- **503** : 서버 저장 불가
- **504** : 서버 시간 초과

친절한 뽀식 ^{pick} 더 알아두면 좋은 정보!

인터넷 증상을 빨리 파악하는 방법

모든 HTTP 응답 코드는 5개의 클래스(분류)로 구분되기 때문에 앞자리만 알아도 개략적으로 증상을 파악할 수 있다.

- **1xx**   정보 → 요청을 받았으며 프로세스를 계속한다.
- **2xx**   성공 → 요청을 성공적으로 받았고, 인식하고, 수용한다.
- **3xx**   리다이렉션 → 요청 완료를 위해 추가 작업 조치가 필요하다.
- **4xx**   클라이언트 오류 → 요청의 문법이 잘못되었거나 요청을 처리할 수 없다.
- **5xx**   서버 오류 → 서버가 명백히 유효한 요청에 대해 충족을 실패했다.

Question Answer인 줄 알았는데...
QA

김뽀식과 팀원들의 운명을 좌우할 프로덕트 론칭이 코앞으로 다가왔다!

프로덕트 하나하나 자식 같다는 말이 이런 거구나 코끝이 찡해지는 김뽀식.

하루하루 카운트다운 해가던 어느 날...

팀장님　오늘부터는 3일간 다 같이 여기 있는 QA리스트를 체크해가면서

　　　　마지막으로 개발 팀에 피드백 보낼 거예요.

팀원들　실행 파일 보내주세요. (주섬주섬)

뽀식이　(QA... Question and Answer...?)

📖 QA Quality Assurance

....

품질 보증의 줄임말로, 사용자에게 제품이나 서비스가 제공될 만한 품질을 갖췄는지 확인하는 과정을 말한다. 품질 관리(QC, Quality Control)와 테스팅 (Testing)을 포함하는 의미다.

┌─────────────── pick ───────────────┐
│ 친절한 뽀식 더 알아두면 좋은 정보! │ ....
└─────────────────────────────────┘

테스트 케이스(Test Case)
예상되는 사용자의 사용 패턴에서 필요한 테스트 요건과 순서, 구체적인 방법 등을 문장화한 것이다.

테스트 기법의 예시
- **기능 테스트**　요구하는 사양(목적)을 만족하는지 검증하는 테스트
- **도메인 테스트**　경계값 분석 등 관계성을 지닌 복수의 변수를 동시에 검증하는 테스트
- **부하 테스트**　최대 설계 부하와 그 이상의 부하에서 성능을 검증하는 테스트
- **회귀 테스트**　프로그램이 변경되었을 때 그로 인해 새롭게 발생하는 결함은 없는지 검증하는 테스트
- **사용자 테스트**　사용자에게 실제로 사용하도록 하여 결함 여부 및 사용성을 테스트하는 기법
- **시나리오 테스트**　예상되는 일반적인 사용 방법을 검증하는 테스트
- **상태전이 테스트**　화면이나 설정의 전이가 올바른 조건에서 분기 및 변화하는지를 검증하는 테스트
- **탐색적 테스트**　사전에 작성한 테스트 케이스에 따르지 않고 직전 테스트 결과에 따라 다음 테스트를 실행하는 기법
- **랜덤 테스트**　임의적으로 입력과 조작을 행하는 방법으로 수행하는 테스트

지금 하고 있는 건 디제잉이 아닌
디버깅

며칠째 머리를 싸매고 있는 개발자님.
김뽀식은 눈치가 잔뜩 보인다.

뽀식이   (달달한 마카롱을 사다 드릴까? 신나는 음악이라도 틀어볼까?)

이때 갑자기 무릎을 탁! 치는 경쾌한 소리가 사무실에 울려 퍼진다.

개발자   뽀식님! 드디어 해결했어요! 디버깅 해봤더니 로그인 인증 부분이
         꼬였더라구요!
뽀식이   (디버깅이요? 제가 디제잉은 좀 하는데...)

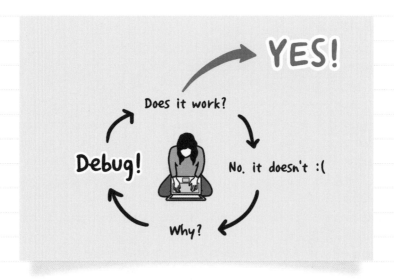

📖 디버깅 Debugging

프로그래밍에서 오류(bug)를 찾아 수정하는 것을 의미한다. 디버깅은 거의 모든 소프트웨어와 하드웨어 개발에서 반드시 처리해야 하는 과정이다. 하나의 완성된 프로그램을 만들 때 보통 가장 많은 시간을 할애하는 부분이 바로 디버깅이라 할 수 있다.

디버거(Debugger)

작업에 사용되는 소프트웨어를 의미한다. xUnit 등을 이용해서 단위 테스트를 자동화하면 디버깅 시간을 대폭 줄일 수 있다고 한다.

친절한 뽀식 ^{pick} 더 알아두면 좋은 정보!

디버깅은 어떻게 하나?

원시 프로그램 추적(오류가 발생한 데이터를 이용) 또는 프로그램을 읽어가며 분석하거나 프로그래머가 제공하는 각종 정보와 디버거를 이용하면 누구든지 디버깅을 할 수 있다.

디버깅을 체계적으로 하는 프로세스

- **실패하는 테스트 케이스 만들기** 문제 현상에 대한 명확한 재현 조건 찾기
- **왜 실패하는지 살펴보기** 문제를 일으키는 코드 찾기
- **테스트 케이스 통과시키기** 장단점을 고려하여 팀 상황에 맞는 해결책 적용
- **리팩토링** 다음에 비슷한 문제가 발생했을 때 더 쉽게 해결할 수 있도록 환경 개선

롤백? 롤케이크는 몽슈땡!
롤백

큰일이다!

아까 업데이트한 이후로 앱 실행이 안 된다!

그리고... 개발 팀에서 아무런 소리가 들리지 않는다.

때로는 침묵이 가장 무서운 법.

키보드 소리 하나 없이 정적만이 감돈다.

왜 아무도 오류가 났는데 수정을 안 하지?

오류 창이 커다랗게 자리 잡은 스크린을 다 같이 바라보던 중...

개발 팀장　　 지금은 롤백밖에는 방법이 없는 것 같습니다.

개발 팀 전원　 아휴...

뽀식이　　　 아휴... (뭔지 모르겠지만 일단 같이 함)

📖 롤백 Roll back

데이터베이스에 저장되어 있는 데이터가 망가졌거나 오류가 났을 때 이전 파일로 되돌려 오류가 나기 전의 정상적인 상태로 되돌리는 행위를 말한다. 실시간으로 유저의 상태가 변하는 게임 등의 프로덕트에서는 최후의 수단 이다.

친절한 뽀식 ^pick 더 알아두면 좋은 정보!

롤백을 하는 방법

롤백 명령은 마지막으로 수행한 커밋(commit, 366쪽 참조) 명령까지만 정상 처리(①, ②)된 상태로 유지하고 그 이후에 수행했던 모든 DML 명령어 작업(③, ④, ⑤)들을 취소시켜 이전 상태로 원상 복구한다. 혹은 업데이트 이전의 백업 파일을 서버에 반영하거나 형상 관리 툴을 이용하는 등 이전 정상 처리 상태로 돌아간다. 더불어 트랜잭션(Transaction)은 아래의 그림과 같이 ALL-OR-Nothing 방식으로 DML 명령어들을 처리한다.

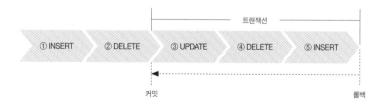

프레임. 일하라?
프레임워크

진짜 나만 없어 고양이!
친구 도산의 냥자랑이 30분째 이어지고 있다.

뽀식이　회사에서 고양이를 키워? 부럽다… 얘 이름은 뭐야?

도산　　장고!

뽀식이　특이한 이름이네?

도산　　응, 우리 회사가 파이썬을 써서 장고 프레임워크에서 따왔어.
　　　　쿡쿡… 귀여운 아이디어지?

뽀식이　(그게 뭔데…)

📖 프레임워크 Framework

웹이나 애플리케이션 개발을 위한 기본 틀로, 프레임워크는 개발의 뼈대가 되는 기본적인 기능과 규칙을 제공한다. 마치 PPT 템플릿이 '표지, 목차, 본문'과 같은 기본 구성을 제공하고 우리는 템플릿에 원하는 내용을 새롭게 더하거나 수정해 PPT를 완성하듯 프레임워크도 개발에서 일종의 템플릿 역할을 한다.

친절한 뽀식 ᵖⁱᶜᵏ 더 알아두면 좋은 정보!

프레임워크의 장점

복잡하거나 반복되는 작업을 줄여 개발 시간을 단축하고, 원하는 기능 구현에 집중할 수 있다. 또한 깔끔한 코드와 이미 정의된 구조를 사용하도록 권장하기 때문에 유지보수가 용이하다.

대표적인 프레임워크 종류

- **JAVA(자바)** Spring(스프링)
- **Python(파이썬)** Django(장고)
- **PHP** Laravel(라라벨)
- **Ruby(루비)** Ruby on Rails(루비 온 레일즈)

그렇다면 라이브러리(332쪽 참조)와는 뭐가 다른가. 라이브러리보다 프레임워크가 더 큰 개념이며 각종 라이브러리와 코드들이 모여 프레임워크가 된다고 할 수 있다.

자동차 충돌, 항공기 추락 사고
크래시

오늘은 김뽀식의 프로덕트 업데이트 날!

유저들에게 점검 안내 후 하나하나 업데이트 해나가던 중

다른 건 몰라도 개발자 모니터에 빨간 글씨가 떠 있는 것은

위험하다는 것을 안다.

김 선임   어... 뽀식님 죄송한데 점검이 길어질 것 같아요...

          이전에는 없던 크래시가 나네요...

뽀식이   (크래시? 부서졌다구요? 사고요?)

📕 크래시 Crash

시스템 혹은 프로그램에서 오류로 인해 동작이 멈추거나 종료되는 현상을 말한다. 영어로 해석했을 때와 같이 로직 혹은 프로그램 간의 충돌이 일어난 모습을 연상하면 이해하기 쉽다.

친절한 뽀식 _pick_ 더 알아두면 좋은 정보!

크래시가 발생했을 때 대응 방법

유저가 프로그램을 실행하는 환경은 천차만별이고, 온라인일 경우 인터넷 접속 환경도 모두 다르기 때문에 경우의 수는 무궁무진하게 많다. 따라서 QA로 모든 크래시 이슈를 체크할 수는 없기 때문에 확인되는 크래시에 대해서는 빠르게 대응할 준비를 해야 한다.

- 크래시 리포트 확인 로그 등을 통해 남은 크래시 리포트를 확인한 후, 원인을 찾아내고 해결 방안을 모색한다. 프로그램 최초 구성 때부터 상세한 로그가 남도록 설계하면 원인 발견이 수월할 것이다.

- 유저 보이스 확인 라이브된 프로덕트의 경우, 서비스 사용 불가를 초래하는 크래시 이슈는 다른 이슈에 비해 높은 유저 보이스 접수율을 보인다. 정성적으로 전달되는 유저 보이스를 통해 크래시 재현 단계를 밟아보며 원인 분석을 해볼 수 있다.

핫 뜨거뜨거 핫핫픽스
핫픽스

지난 주 뽀식이의 프로덕트는 대규모 업데이트를 진행했다.

UI, UX 개편은 물론이고, 기능적으로도 추가된 부분이 많아

프론트엔드(372쪽 참조), 백엔드(376쪽 참조) 할 것 없이 큰 변화가 있었다.

꼼꼼한 QA를 거쳐서 업데이트한 만큼 '이슈는 없겠지' 하고 생각했으나

어찌 하늘 아래 완벽이 있겠는가.

김 선임 이 선임, 지금 이슈업된 버그 봤어요? 나도 테스트해보니 재현되는데

　　　　　 이거 어떡하지?

이 선임 지금 수정 코드 다 짰어요. 핫픽스 올리시죠.

뽀식이 (핫하다 핫해!)

📖 핫픽스 Hotfix

버그의 수정이나 취약점 보완, 또는 성능 향상을 위해 긴급히 배포되는 패치 빌드를 말한다. 특정 문제를 해결하기 위해서 배포되는 경우가 많아 볼륨이 작은 편이며, Quick-Fix Engineering 업데이트, 즉 QFE 업데이트라고도 부른다.

친절한 뽀식 *pick* 더 알아두면 좋은 정보!

잠수함 패치?

프로덕트, 특히 게임 분야에 있어서 유저들에게 특별한 공지 없이 진행하는 업데이트를 마치 잠수함이 지나가듯 갔다는 뜻에서 잠수함 패치라고 부른다. 영미권에서는 스텔스 패치나 닌자 패치라고도 불리는 만큼 유저들에게 잠수함 패치는 그다지 좋은 소식이 아니라고 할 수 있다. 유저들과의 소통을 통해 성장하는 프로덕트일수록 변경되는 내용에 대해서는 투명하게 공개하고 업데이트를 진행해야 지속적인 신뢰를 쌓아갈 수 있을 것이다.

이 버그가, 저 버그?

버그

꿈에 거대한 바선생이 나왔다.

이것은 아마 로또 당첨의 조짐...?

출근길에 산 로또를 계속해서 흘끔흘끔 바라보며

설레는 마음으로 업무를 보고 있던 우리의 김뽀식.

팀장님이 '어! 어!' 하더니 뽀식에게 다가와 말했다.

팀장님   뽀식님, 우리 공식 홈페이지 시스템에 버그가 생긴 거 같은데

         개발 팀에 빨리 연락 좀 해주세요!

뽀식이   (이런... 에프킬라가 어디 있더라.......)

📓 버그 Bug

컴퓨터 프로그램상의 코딩 오류로 인해 컴퓨터 오류나 오작동이 일어나는 현상이다. 프로그램의 실행 자체에 실패하는 에러와는 다른 개념이다.

친절한 뽀식 ^{pick} 더 알아두면 좋은 정보!

버그의 유래

1945년 9월 9일 Mark II 컴퓨터 회로에 나방이 들어가 합선을 일으킨 것이 인류 역사상 최초의 버그다. 본래 '벌레'라는 뜻을 가진 버그라는 단어가 컴퓨터 용어로 자리 잡게 된 것은 1947년부터라고 알려져 있다. 당시 초창기 컴퓨터 개발자 중 한 명인 그레이스 하퍼(Grace Murray Hopper, 1906~1992)가 운용 중이던 '하버드 마크 II(Harvard Mark II)' 컴퓨터의 고장 원인을 조사하던 중, 회로 사이에 나방 한 마리가 끼어있는 것을 발견했다. 이 벌레 한 마리 때문에 접촉 불량이 일어나 고장이 난 것이다. 이후부터 컴퓨터에 어떤 문제가 생길 경우 버그라고 부르게 되었다고 한다. 해당 보고서와 나방은 지금도 미국 스미스 소니언 박물관에 보관, 전시되고 있다.

그까이 꺼!

깃

연말부터 연초까지 일복이 터져버린 우리 회사.

프로젝트가 끝난 지 일주일도 채 되지 않았는데,

또 하나의 프로젝트가 시작되었다.

그나마 다행인 부분은 외주 개발사의 비중이 높다는 것!

'흑흑… 외주님들이 잘해주시겠지… 내가 할 일은 크게 없을 거야…'

마음에 안정을 취하며 한숨 돌리던 뽀식에게 팀장님이 다가왔다.

팀장님　뽀식님, 개발 팀에 깃 환경 구축이 완료되었는지 확인해줄래요?

뽀식이　(옷깃을 여미는 뽀식)

📖 깃 Git

소스 코드를 효과적으로 관리하기 위해 개발된 분산형 버전 관리 시스템을 말한다. 깃에서는 소스 코드가 변경된 이력을 쉽게 확인할 수 있고, 특정 시점에 저장된 버전과 비교하거나 특정 시점으로 되돌아갈 수 있다. 또 내가 올리려는 파일이 누군가 편집한 내용과 충돌한다면, 서버에 업로드할 때 경고 메시지가 나타나는 등 깃을 통하면 좀 더 원활하게 협업이 가능하다. 로컬 서버가 아닌 클라우드 서버를 빌려 이용하는 형태로는 대표적으로 깃허브(Github)가 있다.

───── pick ─────
친절한 뽀식 더 알아두면 좋은 정보! ··

소스 코드와 버전 관리

- **소스 코드**(Source Code) 컴퓨터 소프트웨어(프로그램)를 프로그래밍 언어로 기술한 글을 말한다. 프로그래머가 특정한 컴퓨터 소프트웨어(프로그램)를 만들 때 설계도 역할을 한다.

- **버전 관리 시스템**(VCS, Version Control System) 소스 코드가 변경된 부분을 모두 기억해주는 시스템을 일컫는 용어로, 소스 코드 수정 시 파일로 일일이 따로 저장해주거나 수동으로 백업해두기는 매우 번거로운 일인데, 이런 일련의 과정을 자동으로 수행한다. 코드 수정에 따른 위험성을 줄일 수 있기 때문에 개발자에게 필수적인 시스템이라고 할 수 있다.

커밋 댄스?
커밋

뽀식이는 신입사원답게 귀가 밝은 편이다.

사내 이동으로 부서 위치가 모두 바뀌며

새로운 이웃사촌이 된 개발 팀의 대화 소리는 듣고 싶지 않아도 집중하게 된다.

김 선임 이 선임, 커밋했어요?

이 선임 어? 아까 했는데요. 잠깐 확인해볼게요. 헛! FAIL이 떴었네요.

　　　　지금 다시 할게요!

김 선임 커밋 성공하는지 끝까지 확인하고 보고 올려주세요.

뽀식이 커밋은 개구리 아니었나!(커밋 댄스)

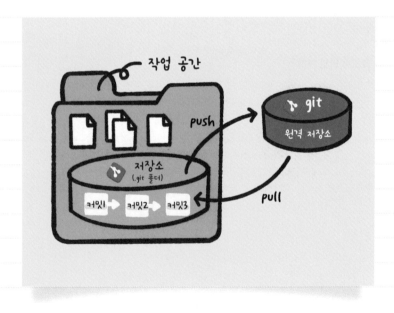

📕 커밋 Commit

데이터베이스를 비롯한 개발 환경에서 변경 사항을 확정 짓는 일이다. 주로 지금까지 개인 작업한 내용을 공동의 작업 환경 또는 저장소에 공유할 때 쓰인다.

──── pick ────
(친절한 뽀식 더 알아두면 좋은 정보!) ································

커밋을 하는 이유

개발은 혼자 할 때도 있지만 다른 사람과 같이 해야 할 때가 더 많다. "구글과 깃(364쪽 참조) 없이는 개발할 수 없어!"라고 외치는 개발자들이 많은 만큼 개발은 집단 지성에 의해 발전한다고 봐도 무방하다. 그렇기 때문에 커밋을 통해서 모두와 공유하는 과정이 꼭 필요하다 할 수 있겠다.

고대 유물 코드
레거시 코드

오늘 칼퇴하려고 모든 집중력을 쏟아부어 일을 처리해냈다!

오늘은 기필코 칼퇴하고 집에 가서 발 씻고 침대에 뻗어버리리라.

그런데 어째 팀장님의 분위기가 심상찮다.

나에게 일을 맡기려는 건 아니겠지?

엄습해오는 불안감에 안 바빠도 바쁜 척 타이핑을 빠르게 하고 있었는데,

아니나 다를까 팀장님이 다가와 업무를 지시했다.

팀장님   뽀식님, 김 선임이 하고 있는 레거시 코드 정리 한 번 같이

               진행해보시겠어요?

뽀식이   (오우... 우리 회사 대대로 내려오는 위대한 유산인 건가...)

📘 레거시 코드 Legacy Code

개발 트렌드의 변화 또는 새로운 방식의 코드 개발로 인해 구버전이 되어 버린 코드를 말한다. 레거시 코드 자체는 오류를 유발하지 않지만 비효율적일 수 있고 가독성이 떨어질 수 있다. 보통 IT 회사에서는 수많은 레거시 코드에 허덕이는데, 특히 서비스가 오래된 경우엔 더욱 그렇다고 할 수 있다.

친절한 뽀식 ^{pick} 더 알아두면 좋은 정보!

레거시 코드가 문제되는 이유

- **이해하기 어렵다**   기능에 추가 개발되어야 하는 상황인데 예외 처리 코드 등 임시 조치되어 있는 경우, 불필요한 기능 추가로 예외 상황이 생기는 경우, 코드의 결합도가 너무 높고 종속적인 경우 등 레거시 코드는 이해하기 어려운 케이스가 많다.

- **이해하기 어려우니 수정이 어렵다**   테스트가 되어 있지 않고 코드 흐름을 파악하기 어렵기 때문에 기능을 수정하거나 추가할 경우, 예외적인 부작용이 나타나거나 단순 수정으로 인해 시스템에 문제가 발생할 수 있다.

- **자신감이 하락한다**   위의 두 가지 문제점으로 인해 해당 프로젝트에 대한 유지보수 작업에 자신감이 하락한다. 유관부서와의 미팅에서 문제 삼았을 시에 업무에 대한 자신감이 크게 하락한다.

커리 말고 쿼리 쏴주세요!
쿼리

지난 주말 뽀식은 '데이터의 중요성'이라는 강의에 감명받고
앞으로 데이터 기반의 사고를 하기로 굳게 다짐한다.

뽀식이　팀장님! 저는 오늘부터 데이터 기반의 사고를 하는 사람이 되기로 했습니다!

팀장님　오! 지난주에 관련 강의 들으러 간다더니 뜻깊은 시간이었나 보군요.

뽀식이　넵! 저희 데이터는 개발 팀에서 잘 쌓아두고 있다고 들었어요.

팀장님　맞아요. 우린 필요한 데이터가 있을 때마다 쿼리만 날리면 되거든요.
　　　　　　뽀식님, 혹시 필요한 데이터 있어요?

뽀식이　(네? 맛있는 커리를 왜 날리는 거죠?)

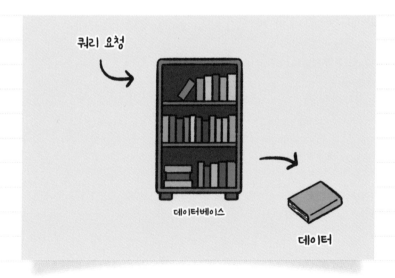

쿼리 요청

데이터베이스

데이터

📖 쿼리 Query

데이터베이스에 정보를 요청하는 것으로, 데이터 집합소인 데이터베이스에 필요한 정보만 가져오고 싶을 때 쿼리를 실행해 데이터를 요청한다. 쿼리를 직접 실행하기 위해서는 데이터 관리를 위해 설계된 프로그래밍 언어인 SQL(Structured Query Language)을 알고 있어야 한다.

───── 친절한 뽀식 ᵖⁱᶜᵏ 더 알아두면 좋은 정보! ·····························

SQL이란?

데이터베이스에 사용되는 언어로 데이터베이스 관련 프로그램들이 SQL을 표준으로 채택하고 있다. 데이터를 생성하고, 찾고, 수정하는 등의 기능을 수행하며 기존 프로그래밍 언어에 비해 비교적 직관적인 언어(문법)이다. 대표적인 데이터베이스 관리 시스템으로는 BigQuery, MySQL, MS SQL 등이 있다.

이번엔 앞에서 끝나요?
프론트엔드

새로운 웹사이트 킥오프 미팅 자리에 참석한 뽀식이.
각 부분의 담당자들과 인사를 나누게 되었는데...!

이 선임 안녕하세요. 뽀식님.

전 이번 프로젝트 프론트엔드 개발 담당자입니다.

뽀식이 안녕하세요! 김뽀식입니다!

(프론트엔드...? 앞에서 이미 끝났나...?)

📖 프론트엔드 Front-End

프론트엔드는 사용자의 눈에 실질적으로 보여지는 UI(314쪽 참조)가 구동될 수 있도록 개발하는 직무를 뜻한다. 배너를 클릭하면 다른 페이지로 넘어가고, 팝업이 되도록 개발하는 것들이 바로 프론트엔드 개발자들의 영역이다. 프론트엔드 개발자들이 사용하는 언어는 다양한데, jQuery, Javascript, CSS, HTML 등을 주로 사용한다. 프론트엔드 개발자들은 기능을 좀 더 효율적으로 개발할 수 있도록 UI 디자이너들과 긴밀하게 협업하기도 한다. 우리가 웹사이트에서 F12를 누르면 오른쪽에 엄청난 코드 소스를 볼 수 있다. 이 소스들이 프론트엔드 개발자들의 땀과 눈물인 것이다.

친절한 뽀식 ^{pick} 더 알아두면 좋은 정보! ·······················

퍼블리셔와 프론트엔드 개발자는 다른가?

퍼블리셔와 프론트엔드 개발자는 다르다. 프론트엔드 개발자는 사이트에서 보여지는 모든 것들이 구동될 수 있도록 해당 사이트가 가지고 있는 데이터베이스와 연동되게 하는 업무를 주로 하고, 퍼블리셔는 웹디자이너가 디자인한 것을 웹표준성에 맞게 정리하는 업무를 담당한다.

예를 들면, 잘못된 아이디로 로그인을 시도했을 때 '땡! 틀렸습니다!'를 확인해주는 것은 프론트엔드 개발자가 될 것이고, 로그인 버튼이 구동되도록 하는 건 퍼블리셔가 할 수 있는 일인 것이다. 근래에는 두 영역의 경계가 많이 사라져 퍼블리셔 혹은 프론트엔드 개발자를 같이 보는 곳도 있기도 하다.

항상 열려 있나요?
오픈 API

화창한 오후, 사무실에서 오랜만에 커피 한 잔의 여유를 즐기고 있던 뽀식.
나의 커피향이 너무 진해서일까?
냄새를 맡은 팀장님이 슬쩍 업무 하나를 요청한다.

팀장님 뽀식님, 시간 있으면 우리 사이트에 있는 맵 주소를 도로명 주소로
바꿔줄래요?

뽀식이 (뽀리둥절) 이전 맵에 제가 도로명 주소를 적용시켜야 하는 것... 맞죠?

팀장님 그거 국가공간정보포털에 API 오픈되어 있어요! Open API 요청해서
받아쓰세요!

뽀식이 (API? 어쨌든 열려 있다는 건가!)

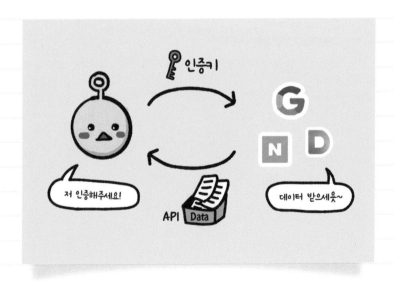

··

외부 개발자나 사용자들이 직접 응용 프로그램과 서비스를 개발할 수 있도록 공개된 소스를 뜻한다. 지도 서비스와 블로그, 검색 등 다양한 서비스를 개발할 수 있도록 많은 포털 사이트 및 공공기관에서 제공하고 있으며 누구나 접근하여 사용할 수 있다.

친절한 뽀식 *pick* 더 알아두면 좋은 정보! ··

Open API 조금 더 파기

API는 회사 혹은 개인이 가진 소스를 다른 이가 쉽게 사용할 수 있도록 정리해둔 소스 박스다. 그 박스를 내가 받게 된다면 한 번에 해당 데이터를 사용할 수 있다. 예를 들어, 한 웹사이트에서 회원가입 없이 페이스북 로그인 기능을 활용하고 싶다면, 페이스북 로그인 창이 똑같이 노출되게 해야 할 것이다. 이럴 때 페이스북이 제공한 로그인 API를 받아 적용하면 된다. 여기서 모두 사용할 수 있도록 API가 오픈되어 있다면 Open API라고 부른다. 개발자 환경이 다 다르기 때문에 대부분의 API는 표준화되어 있다. 그래서 디바이스나 운영체제와 상관없이 동일하게 누구나 원하는 액션값을 얻을 수 있다.

Q 포털 개발자 센터에 들어가면 어떤 API는 비용을 지불하던데 Open API는 무료인가?

A Open이라는 말이 붙은 만큼 무료로 제공되고 있다. 하지만 호출수에 제한을 둘 수도 있으니 사이트에서 꼭 확인해야 한다.

이번엔 뒤에서 끝났나요!

백엔드

프론트엔드 담당자인 이 선임과의 지난 만남 이후,

또 다른 담당자와 인사를 나누게 된 뽀식이.

뽀식이   안녕하세요! 김뽀식이라고 합니다!

김 선임   안녕하세요. 저는 백엔드 개발을 맡은 김 선임이라고 합니다!

뽀식이   그... 그러니까... 이 선임님과 같은?

김 선임   아! 이 선임님은 프론트엔드이구요! 전 백엔드예요!

뽀식이   (앞뒤가 있으니 혹시 좌우도 있나요!)

📖 백엔드 Back-End

유저에게는 보이지 않는 서버, 데이터베이스 부분을 뜻하는 개발 용어다. 사용자들이 실제로 보는 화면에서는 보이지 않지만, 백엔드 영역은 사이트가 구동되는 데에 꼭 필요한 부분을 담당하고 있다. 영화 예매 사이트를 예를 들면, 남은 시간과 인원별 가능한 좌석을 알려주는 기능, 그리고 결제 완료된 좌석을 판매 완료로 변경하는 기능 등을 사이트에서 구현할 수 있도록 서버에서 정보를 받아오는 영역이 백엔드에 포함된다. 기능 구현 이외에도 어딘가에서 데이터가 새지 않도록 하는 보안 등 보이지 않는 많은 영역이 백엔드에 포함된다고 할 수 있다.

─── 친절한 뽀식 ^{pick} 더 알아두면 좋은 정보! ─────────────────────

풀스택 개발자란?

Q 요즘 풀스택 개발자 구인광고가 많이 보이던데, 풀스택 개발자는 어떤 일을 하는지?

A 웹개발 환경에서는 디자이너, 퍼블리셔, 프론트엔드, 백엔드 개발자 등 모두가 복합적으로 연결되어 있다. 그래서 프론트엔드와 백엔드가 모두 가능한 개발자를 많이 찾고 있는데, 이렇게 2가지가 모두 가능한 개발자를 풀스택(Full-Stack) 개발자라고 한다. 만약 엄청 능력이 좋은 풀스택 개발자라면 웹사이트 개발은 이 한 명만으로도 가능하지 않을까?

갑자기 분위기 CSI?
데드록

뽀식이네 팀은 신규 기능 추가를 위한 주간 미팅 중!

신입의 패기를 보여줄 수 있도록 밤새 찾은 아이디어를 잔뜩 가져왔다!

하지만 예상과 달리 침묵만이 감도는 회의실...

그리고 미간이 굳어있는 개발 팀의 얼굴.

박 선임 그... 저희가 돌아가서 리소스 구조를 다시 봐야 할 것 같은데

이 중 다수가 데드록 이슈가 발생할 것 같아서...

뽀식이 (데드록...? 죽었고 잠겼어...?)

📖 데드록 Deadlock

2가지의 요청 조건이 충돌하여 서로를 기다리며 아무것도 해결되지 않은 상태, 즉 교착 상태라고도 한다.

친절한 뽀식 ^{pick} 더 알아두면 좋은 정보!

데드록이 일어나는 4가지 조건

- **상호배제(Mutual exclusion)**
  하나의 자원을 2개의 프로세스가 사용할 수 없는 상태
  (예) 김뽀식과 박뽀식은 함께 킥보드를 타고 싶지만 가지고 있는 킥보드는 1인용이고 한 대뿐이다.

- **점유대기(Hold and wait)**
  먼저 자원을 선점한 프로세스가 자원을 붙잡고 놔주지 않는 상태
  (예) 한 대뿐인 킥보드를 김뽀식이 먼저 탔으나 다 타고 난 이후에도 박뽀식에게 주지 않는다.

- **비선점(No preemption)**
  프로세스가 어떤 자원의 사용을 끝낼 때까지 그 자원을 뺏을 수 없다.
  (예) 한 대뿐인 킥보드를 김뽀식이 너무나도 느리게 타지만 달리는 킥보드를 박뽀식이 뺏을 방법은 없다.

- **순환대기(Circular wait)**
  각 프로세스는 순환적으로 다음 프로세스가 요구하는 자원을 가지고 있다.
  (예) 김뽀식은 박뽀식이 신호를 줘야 멈출 수 있지만 박뽀식은 김뽀식이 멈춰야 신호를 준다.